Das Kochbuch Mittleres Neckartal

– Kulinarische Wege zwischen Neckarschleifen –

»Maultaschenkönig« Udo Rommel

ISBN 978-3-86037-440-5

1. Auflage

Lüchower Str. 13a, 29459 Clenze
Telefon (0 58 44) 97 11 63-0, Telefax (0 58 44) 97 11 63-9
mail@limosa.de, www.limosa.de

Redaktion:
Udo Rommel

Fotos:
Felsengartenkellerei Besigheim eG: 24, 25
Pleidelsheim, Haupt- und Kulturamt: 36 (gr)
Stadt Lauffen a. N.: 136 (gr), 157 (gr), 163 (gr)
zur Verfügung gestellt von Stadt Lauffen/Foto Helmut Welsch: 156 (gr), 162 (gr)
zur Verfügung gestellt von Stadt Lauffen/Foto Claudia Fy: 158 (gr)
Pleidelsheim, Haupt- und Kulturamt: 166, 167 (kl)
Alle übrigen Fotos: Josef Ziwey

Lektorat:
Ulrike Kauber

Satz und Layout:
Zdenko Baticeli

Korrektorat:
Doreen Rinke

Unter Mitarbeit von:
Lena Hermann, Christin Stade, Britta Arndt

Medienberatung:
Loonee Agentur für Kommunikation – Bechler & Kellner GbR

Gedruckt in Deutschland.

»Maultaschenkönig« Udo Rommel

DAS KOCHBUCH MITTLERES NECKARTAL

Kulinarische Wege zwischen Neckarschleifen

Der Autor stellt sich vor

Udo Rommel – bekannt in der Region als der »Maultaschenkönig« – ist gebürtiger Freiberger (Beihinger), geboren im Jahr 1958 und von Beruf Koch.

Früher wäre er gerne Rennfahrer geworden, aber es setzte sich doch das mütterliche X-Chromosom durch. Heute sagt er: »Ich könnte mir nichts anderes vorstellen, als Koch zu sein. Ich bin ein Vollblutgastronom und bereue nichts.«
Daher kann er auch mit Stolz sagen, dass er schon in der fünften Generation Gastronom ist. Seine Kinder stehen auch bereits in den Startlöchern und wollen die Tradition fortsetzen.

Von Oma und Mutter hat Udo Rommel die Rezepte ehrlicher schwäbischer Küche geerbt und ausgebaut. Dies spiegelt sich auch in diesem Kochbuch wieder, wo der Leser neben vielen leckeren Speisen auch ein handfestes Mürbteig-Rezept und einen Hefeteig findet. Denn: »Wer kann das heute schon noch?«, fragt sich Udo Rommel, »die Leute gehen halt in den Laden und kaufen einen Mürbteig«.

Rommels große Leidenschaft ist natürlich seine Maultasche. Mit einem Weltrekord kam er am 26. April 1997 ins Guinness Buch der Rekorde – mit der weltlängsten Maultasche, die 980,65 Meter lang war!

Der Riesen-Maultasche ging es damals sogleich an den Kragen: Rund 600 Meter landeten im Garkessel vom Roten Kreuz, um dann mit Kartoffelsalat und Zwiebelsauce serviert zu werden. Der Rest wurde von den Zuschauern mit nach Hause genommen. Der Erlös ging zu Gunsten des Roten Kreuzes und an die Jugend-Musikschule Freiberg. Diese Aktion war ein einmaliges Erlebnis, an das Udo Rommel gerne zurückdenkt und das ihm immer in Erinnerung bleiben wird.

Als nächstes – so dachte sich der Maultaschenkönig vor einiger Zeit – könnte er ja noch ein Kochbuch schreiben ... und hat das prompt in die Tat umgesetzt.

Seitenansicht des Alten Schlosses in Beihingen

Vorwort

Hallo Freunde des Kochens,

es freut mich, dass Sie »Das Kochbuch Mittleres Neckartal« erworben haben. Verwöhnen Sie sich, Ihre Familie, Freunde und Gäste mit einem guten Essen. Wenn Sie dafür einkaufen gehen, achten Sie immer auf gute und vor allem frische regionale Produkte. Das Fleisch sollte möglichst marmoriert (leicht mit Fett durchzogen) sein. Gemüse sollten Sie nur kaufen, wenn Sie die Farbe und der Geruch »anmacht«.

Lassen Sie beim Kochen ihrer Fantasie freien Lauf, kleben Sie nicht am Rezept. Kochen Sie stets mit hochwertigen Ölen, Fetten oder mit Butter. Wenn Sie jedoch abnehmen sollen oder wollen, dann bitte nicht zuviel davon. Generell gilt aber als beste Diät immer noch der Lehrsatz: Iss die Hälfte. Ein Rat von mir nach 30 Jahren Dasein als Küchenchef: Wiegen Sie sich jeden Morgen nach dem Aufstehen. Ich jedenfalls weiß dann immer, was ich an diesem Tag alles Essen und Trinken darf.

Wenn Sie kochen, dann haben Sie keine Angst, etwas falsch zu machen. Vergessen Sie am besten alles, was Sie schon gehört oder gelesen haben. Denn ob Sie allein kochen oder zu zweit, es sollte immer Spaß machen. Und schließlich ist noch nie ein Meister vom Himmel gefallen. Ob die Nudeln acht oder zehn Minuten kochen, die Sauce mild oder scharf, das Gemüse weich oder knackig, das Steak blutig, rosig oder durch sein soll, alles bestimmen Sie selbst nach ihrem Geschmack. Die Rezepte in diesem Buch sind für vier Personen ausgelegt.

Beim Ausprobieren der rund 150 Rezepte aus dem Mittleren Neckarraum viel Vergnügen, ein glückliches Händchen und natürlich Erfolg damit bei ihren Gästen wünscht ihnen

Udo Rommel
»d'r Maultaschenkönig«
aus Freiberg (N)

Udo Rommel mit Ehefrau Marita

Geschichten und Erzählungen

Herbstanemone

Inhaltsverzeichnis

Sonnenhut

Dank – Das Wichtige vorweg

Ich danke allen Personen, die mir sehr schöne Geschichten und wunderschöne Fotografien geschenkt haben.

Besonderer Dank gilt dem Fotografen Herrn Josef Ziwey, der einen Großteil des Bildmaterials, die schönsten Landschaftsaufnahmen und Ortsansichten vom Neckar und den Gemeinden zur Verfügung stellte.

Herrn J.J. Lohmann, einem wahren »Künstler«. Er schrieb uns sehr schöne und wertvolle Geschichten aus der Region.

Außerdem danke ich:
Herrn Andreas Bührer, Pfarrer aus Freiberg-Beihingen und Herrn Jooß von der Stadtverwaltung Freiberg;
Herrn Eduard Theiner, Stadtverwaltung Remseck a. N.;
Frau Kessler, der Referentin für Kultur und Tourismus bei der Stadtverwaltung Lauffen;
Herrn Klaus Warthon, dem Bürgermeister von Benningen;
Herrn Keicher von der Genossenschaftskellerei Heilbronn;
Frau Warttinger, Stadtverwaltung Pleidelsheim;
Frau Fink und Frau Kroboth von der Weingärtnergenossenschaft Mundelsheim;
Frau Brigitte Popper, Stadtverwaltung-Kulturamt Besigheim sowie
Herrn Schiller von der Felsengartenkellerei Besigheim-Hessigheim

Auch meiner Familie, die mir während der Bearbeitung meines Buches jederzeit mit Rat und Tat zur Seite stand, sage ich daher auf diesem Wege ein herzliches Dankeschön: meiner Frau Marita, meinem Sohn Florian und meiner Tochter Ramona.

Römische Jupitersäule in Benningen

Das Mittlere Neckartal

Die Quelle des Neckars liegt bei Villingen Schwenningen im Schwenninger Moos. Er ist 367 Kilometer lang und mündet bei Mannheim in den Rhein. »Neckar« bedeutet ursprünglich »wildes Wasser«.

Vor einigen Millionen Jahren gab es sogar noch zwei »Neckar«: der eine floss nach Nordwesten in den Rhein, der andere Neckar verlief nach Südwesten und mündete in die Donau. Mit der Zeit vereinigten sich beide Flüsse und es entstand der Neckar wie wir ihn heute kennen.

Das Mittlere Neckartal ist die Region ab Plochingen bis Heilbronn. Der Fluss selbst war schon vor knapp 1000 Jahren eine wichtige Wirtschafts-Wasserstraße. So wurden zum Beispiel die riesigen Tannen aus dem Schwarzwald über die Nagold in den Neckar geflößt. Von dort brachte man das Holz über den Rhein bis nach Holland, wo es unter anderem zum Bau von Handelsschiffen verwendet wurde.

Das Heilbronner Rathaus

Die Stadt Esslingen hatte schon im 9. Jahrhundert Zoll- und Marktrechte. Der Neckar war bereits damals ab Plochingen mit dem Schiff befahrbar, doch Esslingen verhinderte lange den Anschluss Plochingens an die Neckarschifffahrt. Heute ist Plochingen der Endhafen der Neckarschifffahrt und damit ein wichtiger Umschlagplatz für Güter aller Art.

Im Mittleren Neckartal fuhr auch der erste Zug Württembergs, nämlich auf der Strecke zwischen Cannstatt und Esslingen. Dadurch wurde die Region berühmt, Industrie siedelte sich an und Arbeiter wanderten zu.

Das Mittlere Neckartal ist ein Weinbaugebiet – an den Südhängen stehen dicht an dicht die Rebstöcke. Nach Osten werden sie vom Schurwald und vom Schwäbischen Wald geschützt, nach Westen von den Höhen des Strombergs und des Heuchelbergs.

Die Neckarschlaufe bei Mundelsheim

Pfarrkirche Sankt Simon und Sankt Judas in Heutingsheim

In keinem anderen Weinanbaugebiet Deutschlands sind so viele Winzer Mitglied einer Genossenschaft wie in Württemberg. Dies ist auf die altwürttembergische Landordnung aus dem Jahr 1552 (konkret: die sogenannte »Realerbteilung«) zurückzuführen. Sie bestimmte, dass alle Kinder den gleichen Anteil am Vermögen erben sollten. Über die Jahrhunderte entstanden so immer mehr kleine und familiäre Weinbaubetriebe. Bei ihnen fiel die Idee der Genossenschaft auf besonders fruchtbaren Boden. Bereits Mitte des 19. Jahrhunderts kümmerten sich in Württemberg Weingärtnergenossen um den Weinbau. Auch Fragen der Qualität sowie Vermarktung und Entwicklung gehörten dazu. Heute werden rund 85 Prozent der gesamten Traubenernte in genossenschaftlichen Kellereien ausgebaut. Zu den gängigsten Rebsorten im Mittleren Nekckartal zählen Trollinger, Lemberger, Silvaner, Riesling und Müller-Thurgau.

Zwischen Mundelsheim und Hessigheim hat sich der Neckar im Lauf der Jahrtausende in die Schichten des mittleren Muschelkalks eingeschnitten. Entstanden sind wunderschöne Flussschleifen wie die bei Mundelsheim. Die schroffen Felstürme der Felsengärten sind ebenfalls auf diese Weise entstanden. Hier fühlen sich nur Eidechsen und trockenfeste Pflanzen wohl: auch der Trollinger findet auf den warmen Terrassen ideale Bedingungen.

Die Felsengärten bei Hessigheim sind eine hoch über dem Neckar gelegene Felsformation: eine 300 Meter lange, natürliche Felswand mit davor stehenden Felsmauern. Für Natur- und Wanderfreunde ist dieses Naturschutzgebiet ein besonderes Highlight. Von oben öffnet sich ein herrlicher Blick über die steil abfallenden Weinberge hin zum Neckar. Von der Talsohle aus ist der Anblick der Felsen mit den seltenen Pflanzen und den steilen, mit Trockenmauern terrassierten Weinhängen besonders reizvoll.

Eine weitere Attraktion heute am Neckar ist der rund 370 Kilometer lange Neckar-Radweg von Villingen Schwenningen bis nach Heidelberg oder Mannheim. Einkehr- und Übernachtungsmöglichkeiten gibt es reichlich. Auf dem Neckar bieten Schifffahrtsunternehmen verschieden lange Touren, Fahrten mit Tanz und Musik, Floßfahrten und vieles andere mehr an.

In der Altstadt Besigheims

Kartoffelsalat

1 kg Kartoffeln (festkochend)	in Salzwasser kochen, abkühlen lassen, schälen und in dünne Scheiben schneiden.
1 kleine Zwiebel	in Würfel schneiden. Zutaten mit
1 TL Senf	
¼ l Fleischbrühe (oder Wasser)	
100 ml Weinessig	
100 ml Sonnenblumenöl	zusammen in eine Schüssel geben und vorsichtig untereinander mengen. Mit
Salz, Pfeffer	abschmecken.

Schmeckt auch herrlich mit geschnittenem Schnittlauch, Speckwürfeln oder Gurkenscheiben

Ortsansicht Freiberg

Das Kielmayerhaus in Esslingen am Neckar

Paprikasalat mit Äpfeln

4 Paprika (bunt)	und
1 Zwiebel	in Streifen schneiden.
2 Äpfel	schälen, das Kerngehäuse ausstechen, ebenfalls in Streifen schneiden.
200 g Mais	dazugeben. Eine Mischung aus
4 EL Essig	
6 EL Rapsöl	
1 TL Salz	
1 TL Zucker	unterheben und abschmecken.

Bauernsalat mit Schafskäse

Je 1 rote, gelbe Paprika	
1 kleine Zwiebel	
2 Tomaten	
1 Eissalat	
1 roter oder weißer Rettich	alles waschen und in Würfel schneiden. Für das Dressing
4 EL Weinessig	
2 EL Wasser	
5 EL Olivenöl	über die Würfel geben, mit
Salz, Pfeffer, Zucker	abschmecken und
400 g Schafskäse	in Würfeln über den Salat verteilen.

Wer mag, kann auch noch Kidneybohnen zufügen.

Teil der Säule des Kriegerdenkmals in Lauffen

Blattsalate mit Putenbruststreifen

600 g bunte Blattsalate	zupfen und waschen, abtropfen lassen. Mit
3 EL Himbeeressig	
2 EL Wasser	
5 EL Sonnenblumenöl	übergießen.
600 g Putenbruststreifen	in
20 g Butter	anbraten und auf dem Blattsalat anrichten.

Dazu reicht man Weißbrot.

Ochsenmaulsalat

800 g Ochsenmaulscheiben	mit
1 Zwiebel (in Scheiben)	
6 EL Weinessig	
3 EL Wasser	
5 EL Sonnenblumenöl	und
1 TL Salz	miteinander vermengen.

Wiesensalbei

Rindfleischsalat mit Gurken

500 g gekochte Rinderbrust	zuerst in feine Scheiben schneiden, dann in 2 cm breite Streifen.
1 Zwiebel	
1 Knoblauchzehe (nach Geschmack)	
2 Essiggurken	in Streifen schneiden, unter das Rindfleisch heben. Mit
4 EL Weinessig	
2 EL Gurkenwasser	
5 EL Rapsöl	überträufeln und mit
Salz, Pfeffer	abschmecken.

Dazu schmeckt Bauernbrot (Rezept siehe Seite 126) mit Butter.

Die Nikolauskirche am Oberen Schlosshof in Geisingen

Die Neckarremser Gänse und das Elektrische

Als ums Jahr 1910 das neue Licht, das »Elektrische«, nach Neckarrems kam, da klagte der Schultheiß bald: In die Kreuz und in die Quer zögen nun Freileitungen durch den Ort und ein wahrer Mastenwald sei aus dem Boden gewachsen. Die Elektrizitätswerke wiederum berichteten, dass ihre Porzellanisolatoren immer wieder Zielscheibe »der rühmlichst bekannten Scharfschießereien in der Silvesternacht« würden. Am Eisenmast bei Hochdorf gar war »von bübischer Hand« der Notanker abgerissen und das Spannschloss entwendet worden.
Drachen blieben regelmäßig in den Leiterseilen hängen. Das größte Problem mit dem Drahtgewirr in der Luft indes hatten die Neckarremser und Neckargröninger Gänse; sie machten bei ihren Flugversuchen oft den ganzen Ort stromlos. Das Oberamt war schnell bei der Hand mit guten Ratschlägen: Es empfahl, den Gänsen die Schwingen zu stutzen. Für Schäden aber seien die Geflügelhalter haftbar zu machen.
Ja, wenn es nur so einfach gewesen wäre, den Tierhalter zu ermitteln. Wagnermeister Räuchle aus Neckarrems beispielsweise bekam von der Kawag 1925 eine Rechnung wegen Ortsnetzstörung durch seine Gänse. Diese seien die Dorfstraße hinuntergeflogen und hätten beim Dreschschuppen Glock unten an der Rems die Leitung beschädigt. Mit der Folge, dass ganz Neckarrems ohne Strom war, bis endlich Monteur Sixt mit seinem Gesellen anrückte und in dreistündiger Arbeit die Leitung flickte. Und dafür wollte die Kawag nun 9 Mark und 95 Pfennig von Räuchle haben. Daraufhin setzte sich der Meister am 19. November 1925 hin, griff zur Feder und erledigte nach Feierabend dieses schwere Stück Arbeit. Er schrieb:

Steg über die Rems in Remseck

Das Alte Rathaus in Remseck-Neckarrems

Rechnung erhalten, wird aber von mir nicht anderkand, und deßhalb wieder zurückgeschikt, und möchte ich meine Gründe hifir [= hierfür] kurz darlegen.
Als am 9. 11. 1925 morgens vor halbacht Uhr einige Gänse vom Oberdorf über der Dorfstraße in die Rems flogen, und aus Glock seinem Dreschschuppen welcher an der Rems steht, an der Ortsleitung eine Stöhrung verursachten, indem eine Gans an einen Draht hinflog und dan herab stürzte, und dann gleich gefaßt wurde. In dieser Zeit waren meine Gänse in ihrem Stall noch eingespert. Wenn dann nachher mit vielen andern Gänse auch meine Gänse in der Rems waren, so wird jedenfalls niemand nichts dagegen einzuwenden haben, ich wohne ja ganz nahe an der Rems, ohngefähr 80 Meter oberhalb der Unfallstelle, die Rems ist mir [bei Hochwasser] schon öfter in den Gänsstall hineingelaufen. Wenn dann jemand behaupten möchte, meine Gänse könnten die Dorfstraße hinaufgesprungen sein, um dann in die Rems hinabzufliegen, solchen Blödsinn glaubt in [Neckar-]Rems kein Mensch auser solchen, welche vielleicht dümmer sind als meine Gänse.
Achtungsvoll G.W. Räuchle, Wagnermeister, Neckarrems.

Eduard Theiner

Das Schloss in Remseck-Hochdorf

Die Kirche in Remseck-Neckargröningen

Lumpensalat

600 g Schinkenwurst	
1 Zwiebel	
je ½ rote, gelbe, grüne Paprika	
2 Essiggurken	
8 Salatblätter	alles in Streifen schneiden, in eine Schüssel geben und
150 g Mais (gekocht)	
100 g Kidneybohnen	darunter mischen. Ein Dressing aus
100 ml Wasser	
1 TL Senf	
1 TL Salz	
1 Prise Pfeffer	
6 EL Essig	
6 EL Öl	herstellen, unter die Zutaten heben.

Blick in den Museumshof in Benningen am Neckar

Kartoffelsalat mit kleinen »Fleischküchle«

500 g Hackfleisch	
2 TL Salz	
1 Prise Pfeffer	
2 Eier	zusammen in einer Schüssel vermengen und kleine Fleischküchle von der Masse formen. In
2 EL Öl	braten. Mit
800 g Kartoffelsalat (Rezept siehe Seite 12)	anrichten. Zum Schluss
1 EL Schnittlauch	in Röllchen schneiden.
1 kleine Zwiebel	in Scheiben schneiden und damit garnieren.

Dazu Bauernbrot (Rezept siehe Seite 126)

Salat mit Thunfisch

100 g Feldsalat	
300 g bunter Blattsalat	waschen und in eine Schüssel geben. Mit
4 EL Balsamico Essig	
8 EL Olivenöl	
Salz, Pfeffer	
1 Prise Zucker	abschmecken. Das Ganze mit
500 g Thunfisch	und
5 Tomaten (in Scheiben)	anrichten.

Käthchen von Heilbronn

Käsesalat mit Tomaten

Je 200 g Gouda, Tilsiter, Edamer (in Scheiben)	in Rauten schneiden.
8 Blätter Kopfsalat	auf Teller verteilen.
4 Tomaten	in Scheiben schneiden und auf den Blattsalat legen.
1 Zwiebel	würfeln, mit dem Käse darüber geben und mit einem Dressing aus
4 EL Weinessig	
2 EL Wasser	
Salz, Pfeffer, Zucker	
1 TL Senf	
5 EL Sonnenblumenöl	übergießen.

Hähnchenbrust mit Rucola

4 Hähnchenbrüste	braten.
400 g Rucola	waschen und auf einer mit
1 Knoblauchzehe	ausgeriebenen Platte verteilen.
2 Tomaten	achteln und auf den Rucola legen. Dazu
8 Blatt Basilikum	geben. Mit
5 EL Balsamico Essig	
4 EL Olivenöl	beträufeln und mit
Salz, Pfeffer	würzen.

Alexanderkirche in Marbach am Neckar

Fleischsalat mit Ei

800 g Fleischwurst (in Streifen)	in eine Schüssel geben.
4 Essiggurken	
1 kleine Zwiebel (nach Geschmack)	in Streifen schneiden und unterheben.
3 EL Paprikawürfel (rot)	untermischen. Den Salat mit
200 g Mayonnaise	anmachen. Mit den Hälften von
6 Eier (hart gekocht)	anrichten. Mit
4 Räucherlachsscheiben	garnieren.

Ackersalat mit Weißbrotwürfeln

400 g Ackersalat (Feldsalat)	waschen und in eine Schüssel geben.
50 g Butter	in einer Pfanne erhitzen.
200 g Weißbrotwürfel	dazugeben, leicht braun angehen lassen, dann mit
400 g Kochschinken (gewürfelt)	auffüllen und unterheben. Warm über den Ackersalat geben. Mit
2 EL Essig	
3 EL Öl	
Salz, Pfeffer	abschmecken.

Die Emichsburg im Schlossgarten Ludwigsburg

Brätstrudelsuppe

200 ml Milch	mit
4 EL Mehl	zu einem Brei rühren. Dann
1 Ei	
1 Prise Salz	
1 EL Schnittlauch (geschnitten)	mit unterheben. In einer Pfanne zu »Flädle« (dünne Pfannkuchen) ausbacken. Zur Seite stellen. Mit
200 g Brät (vom Metzger)	bestreichen und zusammenrollen. In Alufolie einrollen und im Backofen bei 85 °C etwa 25 Minuten backen. Aus der Folie nehmen und in Scheiben schneiden. In
Rinderbrühe	anrichten.

Fachwerkhäuser an der Mauer von Besigheim

Eierstichsuppe

3 Eier	sowie
100 ml Milch	
Salz	miteinander verrühren. Eine kleine Form mit
10 g Butter	ausstreichen und einfüllen. Form ins Wasserbad stellen und bei 85 °C im Backofen 50 Minuten stocken lassen. Den Eierstich erst nach völligem Erkalten stürzen und in gleichmäßige Stücke schneiden. In heißer
Rinderbrühe	anrichten.

Gulaschsuppe

1 Zwiebel	und
1 Knoblauchzehe (nach Geschmack)	würfeln. Beides in
3 EL Öl	anbraten.
400 g Rindfleisch	würfeln. Mit
Salz, Paprika	würzen. Fleisch zu den Zwiebeln geben und 10 Minuten mit braten.
2 EL Tomatenmark	zufügen und 5 Minuten mit braten. Dann
200 g Kartoffeln (gewürfelt)	
1 l Rinderbrühe (oder Wasser)	dazugeben, 20 Minuten leicht kochen.

Ehemaliges Rathaus von Ludwigsburg-Eglosheim

Die Steillagen der Felsengärten – Wein und Natur

Die über dem Neckar thronenden Hessigheimer Felsengärten, inmitten einer beeindruckenden Weinbergslandschaft, sind nicht nur ein weit über die Region hinaus bekanntes und beliebtes Wander- und Ausflugsziel, sondern auch ein Klettergebiet mit langer Tradition. Das kleine, aber ökologisch hochwertige Naturschutzgebiet ist ein echtes Stück Wildnis. Die steil empor ragenden Felswände, -türme und Schluchten bieten Besuchern spannende Naturerlebnisse und Einblicke in einen selten gewordenen Lebensraum.

Am Fuße der »Schwäbischen Dolomiten« liegt die Felsengartenkellerei Besigheim. Rund 1400 Mitglieder zählt die Genossenschaft, die auf über 500 Hektar eine beachtliche Vielfalt an Rebsorten kultivieren: Vom schwäbischen Trollinger über den königlichen Riesling bis hin zu mediterranem Cabernet. Viele dieser Rebsorten reifen in den Steillagen an Neckar und Enz. Mit der Pflege dieser außergewöhnlichen Lagen, wie es nur wenige in den Deutschen Weinbaugebieten gibt, sichern die ansässigen Winzer den Erhalt dieser einzigartigen Kulturlandschaft. Wer im Frühsommer, wenn die Reben in sattem Grün leuchten oder im Herbst, wenn sie von einem fantastischen, warm funkelnden Farbenpotpourri überzogen werden, den Anblick dieser Landschaft genießen konnte, wird ihn sicherlich nicht mehr vergessen.

Zudem sind diese Steillagen mit ihren Natursteinmauern auch Heimat und Lebensraum für eine Vielzahl von teils exotisch anmutenden Pflanzen- und Tierarten. Die Trockenmauern bilden nicht nur die Basis für den Steillagenweinbau, indem sie Erosionen verhindern, sondern bieten sonnenliebenden Pflanzen und Tieren Lebensraum und Nahrung. Stellvertretend sei hier die Mauereidechse (Po-

Am Fuße der Felsengärten liegt die Felsengartenkellerei Besigheim.

darcis muralis) erwähnt, die seit geraumer Zeit die Flaschenverschlüsse und teilweise die Etiketten der Felsengartenkellerei ziert.

Weine aus Steillagen sind besonders wertvoll. Das einzigartige Mikroklima dieser Lagen fördert eine Weinqualität, die ihresgleichen sucht. Die Weinbergsarbeit in den Steilhängen ist allerdings unverhältnismäßig mühsam, zeitintensiv und leider nicht ungefährlich. Die Reben wachsen an terrassierten Hängen mit einer Steigung von bis zu 50 Prozent, durchzogen von handgeschaffenen Natursteinmauern und schmalen Staffeln. Nur mit Leidenschaft und viel Enthusiasmus kann die schweißtreibende Handarbeit in den Steillagen erledigt werden.

Ein entscheidendes Merkmal dieser besonderen Weinbergslagen ist die hohe Lichtausbeute und die enorme Wärmeaufnahme, die aus den Trockenmauern und Felsformationen resultieren. Die starke Hangneigung bewirkt eine schnellere und intensivere Bodenerwärmung durch Sonneneinstrahlung. Wärmeregulierend tritt darüber hinaus der Neckar in Erscheinung und erhöht durch die reflektierende Sonneneinstrahlung die Lichtausbeute der Reben. Weine aus Steillagen verfügen deshalb über einen ganz besonderen Charakter.

Diese »Steilvorlage« der Natur nutzen die »Wengerter« und die Kellermeister der Genossenschaft zusammen mit weiteren Maßnahmen, wie Ertragsreduzierung, streng kontrollierter Bewirtschaftung und Überwachung des Lesguts für den anschließenden, sorgfältigen und sortentypischen Weinausbau, um Weine von höchster Qualität zu erzeugen. Denn die Weinqualität entsteht bereits übers Jahr im Weinberg und wird im Keller nur noch zur vollen Entfaltung gebracht. Dazu bedarf es natürlich viel Erfahrung, handwerklichem Können und höchst sensibler Sensorik beim verantwortlichen Kellermeister oder Önologen.

Die selektive und schonende Lese der Trauben in den Steillagen ist ein weiterer Garant für ausgezeichnetes Lesegut und Voraussetzung für besondere Qualitäten. Für die hochwertigen, trockenen Premiumweine der Editionen »Fels, Fas(s)zination und Composition« werden die sonnenverwöhnten, vollreifen Trauben sorgfältig in kleine Kisten gelesen, transportiert und unmittelbar vor der schonenden Kelterung auf einem Trauben-Sortiertisch akribisch von Hand verlesen. So ist sichergestellt, dass wirklich nur das allerbeste Lesegut zur Vinifizierung gelangt.

Felsengartenkellerei Besigheim eG

Kellermeister Reiner Bucher im Holzfasskeller

Grießklößchensuppe

1 Ei	
50 g Butter	
100 g Grieß	
1 EL Petersilie (gehackt)	
je 1 Prise Salz, Muskat	zusammen in eine Schüssel geben und untereinander mengen.
2 l Wasser	zum Kochen bringen, dann den Klößchenteig mit einem Esslöffel abstechen und ins Wasser geben. Einmal aufkochen lassen, abschalten und noch weitere 15 Minuten ziehen lassen. Mit einer Gemüse- oder Rinderbrühe anrichten.

Knoblauchcremesuppe

3 Knoblauchzehen	schälen, in Scheiben schneiden. Zusammen mit
1 Zwiebel (gewürfelt)	in
100 g Butter	anbraten. Mit
3 EL Mehl	glasig dünsten.
1 l Wasser	dazugeben. 15 Minuten leicht kochen lassen. Mit
100 ml Sahne	verfeinern und mit dem Pürierstab zerkleinern.

»Schneck« wurden die Freiberg-Geisinger geheißen.

Linseneintopf mit Bockwurst

400 g Linsen	30 Minuten im warmen Wasser quellen lassen.
200 g Speckwürfel	in
4 EL Öl	anbraten.
4 Kartoffeln	sowie
1 Karotte	
1 Zwiebel	würfeln und alles mit braten, die Linsen zugeben. Mit
1 EL Tomatenmark	leicht bräunen lassen. Mit
½ l Wasser	und
3 EL Essig	auffüllen.
1 TL Salz	dazugeben und weich kochen.
4 Bockwürste	in Scheiben, unterheben.

Deutschordenshaus und Deutschordensmünster (vorne) in Heilbronn

Rinderkraftbrühe

500 g Rindersuppenknochen	in kochendes Wasser geben und einmal aufkochen lassen, abschütten und abwaschen, dann mit kaltem
Wasser	wieder ansetzen und etwa 1 Stunde bei 95 °C ziehen lassen.
2 Karotten	
1 Scheibe Sellerie	
1 Zwiebel mit Schale	
1 Stange Lauch	
2 Lorbeerblätter	
1 Nelke (nach Geschmack)	sowie einige
Wacholderbeeren	
Pfefferkörner	
1 kleiner Bund Petersilie	und
1 Tomate (halbiert)	mit in den Topf geben und nochmals 30 Minuten weiterziehen lassen. Dann durch ein Sieb geben. Die Brühe mit
Salz, Pfeffer, Universal-Würzmittel	abschmecken.

Übrigens: Das Gemüse brauchen Sie nicht wegzuwerfen. Hacken Sie es klein und geben Sie es mit Nudeln unter die Brühe (Nudelsuppe).

Blumen im Garten

Schnelle Gemüsebrühe

1 Zwiebel	sowie
1 Karotte	
1 Selleriescheibe	
100 g Lauch	putzen, schälen und würfeln (es darf auch anderes Gemüse verwendet werden – auf was Sie Lust haben). Mit
2 EL Sonnenblumenöl	anbraten. Nach 5 Minuten mit
1 TL Zucker	bestreuen und leicht bräunen lassen (das gibt eine schöne Farbe) mit
1½ l Wasser	auffüllen.
2 TL Salz	zugeben und 30 Minuten leicht kochen lassen.

Die Brühe kann mit Gemüse oder ohne serviert werden, »Würstle« oder gekochtes Rindfleisch je nach Geschmack hineingeben.

Ortsansicht Marbach – im Hintergrund liegt das Neckartal mit Benningen.

Die Amanduskirche Beihingen – Blickfang für die Gäste des Maultaschenkönigs in Freiberg am Neckar

Im 9. Jahrhundert, so erzählt eine lokale Sage, wollte der Beihinger Ortsherr dem heiligen Amandus unten am Neckar eine Kirche bauen lassen. Doch die tagsüber auf der Baustelle aufeinandergesetzten Steine waren am Morgen verschwunden. Man entdeckte sie hoch über dem Dorf auf dem Bergsporn gegenüber dem Herrenhof. Die Beihinger schafften alles wieder zu Tale und begannen den Bau aufs Neue. Doch in der Nacht wurden die Steine auf wundersame Weise wieder auf den Berg zurückgetragen. Das wiederholte sich so oft, bis der offenkundige Wunsch des Heiligen akzeptiert und der Bau an der von ihm dafür vorgesehenen Stelle errichtet wurde.

Heute sind alle Menschen, die ich kenne, froh über diese vor über 1000 Jahren getroffene Entscheidung. Denn die Amanduskirche grüßt alle Einheimischen und Durchreisenden mit ihrer heiteren und freundlichen Gestalt, die zudem ein überaus reiches Innenleben beherbergt; Ausdruck eines über Jahrhunderte hinweg gepflegten und stets erneuerten Gemeindelebens im Dorf Beihingen.

Das, was sie einst gewesen war, nämlich eine Wehrkirche, muss die Amanduskirche heute glücklicherweise nicht mehr sein. Vielmehr steht sie dafür, dass der rechte Zeitgeist immer der Heilige Geist ist, ganz gleich, was sonst gerade angesagt ist. Wo immer Menschen diesen Geist bewahren, halten sie Gewalt, Eigennutz und Verantwortungslosigkeit von sich fern, laden stattdessen zu Versöhnung, Nächstenliebe und Zivilcourage ein. Das halte ich für das beste Rezept, das die Küche des Lebens bereithält.

Andreas Bührer

Amanduskirche in Beihingen

Spargelcremesuppe

250 g Spargel	schälen und in
1 l Wasser	15 Minuten kochen, herausnehmen und beiseite stellen. (Wasser nicht wegschütten).
50 g Butter	mit
2 EL Mehl	im Topf hell anbraten und mit dem Spargelkochwasser auffüllen. Dabei mit dem Schneebesen schnell glatt rühren. Aufkochen lassen und den Herd abschalten. Die Suppe mit
100 ml Sahne	verfeinern. Spargel in Stücke schneiden in die Suppe geben. Mit
Salz	abschmecken.

Zwiebelsuppe

2 Zwiebeln	schälen und in Streifen schneiden. In
2 EL Sonnenblumenöl	andünsten. Mit
1 l Wasser	auffüllen. Mit
1 TL Universal-Würzmittel	
1 TL Salz	
1 Msp. Muskat (nach Belieben)	würzen und 15 Minuten leicht kochen lassen.
4 Scheiben Toastbrot	toasten.
4 Scheiben Käse (Gouda)	auf den Toast legen. Suppe in Tassen füllen, die Käsetoaste darauflegen und im Backofen überbacken.

Das Alte Schloss in Beihingen

Tomatencremesuppe

1 Karotte	
1 Scheibe Sellerie	
1 Zwiebel	alles schälen und grob würfeln. Mit
50 g Butter	anbraten.
1 EL Zucker	dazugeben, leicht karamellisieren lassen.
4 EL Tomatenmark	
4 Tomaten (reif, gewürfelt)	mit anbraten. Mit
1 ½ l Wasser	auffüllen. Mit
1 EL Salz, 1 Prise Pfeffer	würzen. 20 Minuten leicht kochen lassen. Man kann die Sauce passieren oder mit einem Stab-Mixer pürieren. Vor dem Servieren obenauf einen Tupfer
Sahne	geben.

Teil der Vorderansicht des Favorite-Schlösschens in Ludwigsburg

Schwäne auf dem Monrepos-See in Ludwigsburg

Schwäbische Kartoffelsuppe

600 g Kartoffeln	
1 Karotte	
1 Zwiebel	schälen und würfeln. Zusammen mit
70 g Speckwürfel	in
20 g Butter	etwa 10 Minuten anbraten. Dann mit
1 l Gemüsebrühe	auffüllen, nochmals 20 Minuten leicht kochen lassen. Nach Belieben pürieren, abschmecken und mit
100 ml Sahne	verfeinern.

Dazu gibt es Saitenwürstle.

Der Steyrer Zehnthof (auch Kesslerhaus)

Wappenträger am ehemaligen Stadttor von Ludwigsburg

Champignon-Kuchen

1 kg Champignons	bürsten und in Würfel schneiden.
100 g Zwiebeln	sowie
150 g geräucherter Schweinebauch	ebenfalls würfeln. Beides in
30 g Butter	anschwitzen. Champignons dazugeben und nochmals anschwenken.
500 g Hefeteig (Rezept siehe Seite 154)	ausrollen und in ein Backblech legen.
5 Eier	mit
200 ml Sahne	vermengen, die Champignons dazugeben und mit
Salz, Pfeffer	würzen. Die Füllung auf dem mit Hefeteig belegten Blech verteilen. Im vorgeheizten Backofen bei 175 °C etwa 40 Minuten garen.

Brunnen in Geisingen mit Osterschmuck

Beschnittener Stock einer Korbweide

Blattspinat mit Spiegelei und Kartoffeln

1 Zwiebel	fein würfeln. In
100 g Butter	glasig dünsten
1 EL Mehl	unterrühren.
1 TL Salz	
200 ml Wasser	dazugeben und glatt rühren.
1 kg Spinat (frisch)	zufügen.
100 ml Sahne	auffüllen. Alles etwa 5 Minuten leicht kochen lassen. Dazu
8 Eier	in der Pfanne braten. Spiegeleier zum Spinat reichen.

Mit Salzkartoffeln servieren

Birnen, Bohnen und Speck

600 g Speck (durchwachsen)	in
1 l Wasser (kochend)	geben. 30 Minuten kochen lassen.
1 kg Bohnen	
1 Bund Bohnenkraut	zugeben.
4 Birnen	vierteln, die Kerne entfernen und die Birnenviertel ebenfalls zugeben. Alles nochmals 15 Minuten kochen lassen.

Zusammen mit Salzkartoffeln anrichten

Rathausgarten und Regiswindiskirche in Lauffen

Grüne Bohnen mit Spätzle

150 g Schweinebauch (geräuchert)	würfeln, in
100 g Butterschmalz	anbraten. Mit
2 EL Mehl	bestäuben und
200 ml Gemüsebrühe	angießen.
500 g Bohnen	dazugeben. Alles 10 Minuten kochen.
100 ml Sahne	einrühren und
1 TL Salz	
Bohnenkraut (nach Geschmack)	dazugeben. Das Gericht mit
500 g Spätzle (Rezept siehe Seite 110)	anrichten.

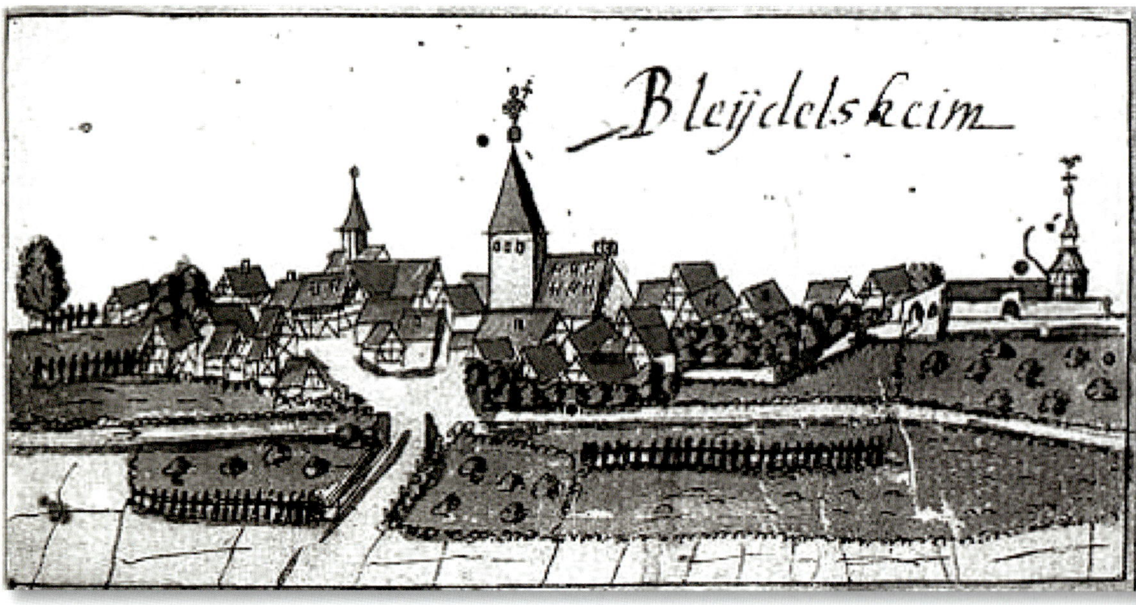

Aufgang an der Mauritiuskirche in Pleidelsheim

Ortsgeschichte von Pleidelsheim

Archäologische Funde zeigen, dass die Menschen schon in der Steinzeit den fruchtbaren Boden, das günstige Klima und die Nähe des Neckars zu schätzen wussten. Die erste urkundliche Erwähnung unseres Ortes findet sich in einer Schenkungsurkunde an das Kloster Lorsch. Hier ist vermerkt, dass im Jahre 794 zwei Schwestern dem Kloster Grundbesitz im Ort »Blidolvesheim« vermacht haben. Aus diesem Grund konnten wir 1994 auch unser 1200-jähriges Jubiläum feiern.

Im 12. Jahrhundert gehörte der größte Teil unseres Dorfes zu den Staufern, dem damaligen Kaiserhaus. Aus dieser Zeit stammt vermutlich auch der mächtige Wehrturm der Mauritiuskirche. Im 16. Jahrhundert erlebte unser Dorf eine Blütezeit, was sich an den noch vorhandenen stattlichen Gebäuden ablesen lässt. Heute noch zu bewundern sind die Kelter (1511), die Zehntscheuer (1515), die Mauritiuskirche (1586), der Gasthof »Ochsen« und das Alte Rathaus (beide 1614).

Dreißigjähriger Krieg und Pest verwüsteten den Ort und hatten katastrophale Folgen für die Bewohner. Ganz langsam normalisierte sich das Leben wieder, doch schon Ende des Jahrhunderts litten die Einwohner unter den Einfällen der Franzosen. Durch den Anbau neuer Pflanzen wie Tabak (1709) und Mais (1724) sowie die Einführung der Dreifelderwirtschaft ging es langsam wieder bergauf. Bessere Erträge durch neue Anbaumethoden und die höhere Lebenserwartung durch medizinischen Fortschritt hatten zur Folge, dass nicht mehr alle Einwohner auch ihr Auskommen im Dorf fanden. So begann die Auswanderung von fast 300 Pleidelsheimern in alle Länder der Erde.

Auch die Revolution von 1848, der Deutsch-Französische Krieg 1870/1871 und die beiden Weltkriege sind Ereignisse, die unser Dorf wie jedes andere auch betrafen. In den ersten Nachkriegsjahren fanden viel Vertriebene Aufnahme und eine neue Heimat im Ort. Dadurch wandelte sich Pleidelsheim allmählich vom reinen Bauerndorf zu einer modernen Gemeinde, in der es sich gut leben lässt.

Haupt- und Kulturamt Pleidelsheim

Hauptstraße von Pleidelsheim

Gefüllte Paprika

Die Paprikafüllung

4 Paprika (rot)	am Stiel aufschneiden, aushöhlen und waschen. Mit einer Masse aus
1 kg Hackfleisch (gemischt)	
3 Eier	
1 EL Salz	
1 TL Paprika	
1 TL Pfeffer	füllen.

Als Beilage passt Reis.

Die Sauce

4 EL Tomatenmark	in
2 EL Öl	anbraten. Mit
2 EL Mehl	bestäuben.
1 TL Salz	
1 TL Zucker	dazugeben. Mit
700 ml Wasser	auffüllen, aufkochen und glatt rühren. Die Paprika hineinstellen und zugedeckt 20 Minuten leicht kochen.

Veranstaltungshaus PRISMA in Freiberg am Neckar

Frischer Spargel

500 g Spargel	Darauf achten dass er frisch, gerade, etwa 16 mm dick ist und 3 cm unterhalb der Blüte von oben nach unten sauber. Schälen. in
2 l Wasser	
1 TL Salz	
1 TL Zucker	und
1 TL Zitronensaft	12 Minuten kochen. Herausnehmen und anrichten.

Zum Spargel reicht man am besten Kartoffeln, Kräuterflädle, zerlassene Butter oder Sauce Hollandaise (Rezept siehe Seite 149).
Als Beilage: Schinken, Schweinefilet, Lachs oder Zanderfilet (Rezept siehe Seite 88), auch ein Wiener Schnitzel (Rezept siehe Seite 64) darf es sein.

Gebackener Blumenkohl

1 Blumenkohl	in Röschen teilen und waschen. In
200 ml Wasser	mit etwas
Salz	kochen. Abgießen, im Sieb abtropfen lassen und beiseite stellen.
3 EL Mehl	
2 Eier	
1 Prise Salz	verrühren. Blumenkohl dazugeben, abgießen und anschließend in
300 g Semmelbrösel	wenden.
1 l Öl	erhitzen. Blumenkohl im Öl ausbacken.

Als Beilage empfehle ich Salzkartoffeln und Remouladensauce (Rezept siehe Seite 149).

Figur am Neuen Stadtbrunnen in Heilbronn

Die Sonderkultur Spargel in Pleidelsheim – Anbau und Geschichte

(Pleidelsheimer Heimatbuch, Auszüge)

Der Spargelanbau hat unsere Gemeinde weithin bekannt gemacht. Bevor im folgenden auf seine Anfänge in Pleidelsheim eingegangen wird, seien zunächst einige allgemeine Bemerkungen zur Spargelgeschichte und zum Spargel selbst vorausgeschickt.
Der Gemüsespargel (Asparagus officinalis), dessen Urheimat in Vorderasien vermutet wird und den bereits die Griechen und Römer kannten, galt bis zum Mittelalter als Heilpflanze. Der Abguss der ausgekochten Sprosse wurde als harntreibendes Mittel verwendet. Erst als man sich Mitte des 15. Jahrhunderts in den Klöstern und an den Fürstenhöfen von der einst sehr einseitigen Kost zu befreien begann, kam der Spargel dann auch in der Küche zu Ehren. Beim Anbau hat man ihn schon damals angehäufelt, um die geschätzten weißen Sprossen des »königlichen Gemüses« möglichst lange Zeit unter der Erde halten zu können.
Die im Frühjahr austreibenden Sprosse sind das Ertragsgemüse – die Ernte. Die Spargelstangen, auch Pfeifen genannt, bleiben im angehäufelten Erdreich weiß und färben sich erst am Tageslicht, im Gegensatz zum Grünspargel, der nicht angehäufelt und somit grün wird. Die Erntezeit, während der täglich zweimal Spargel gestochen wird, beginnt je nach Witterung etwa am 1. Mai und dauert in der Regel bis zum 24. Juni.
Die Lebenszeit einer Spargelanlage beträgt 12 bis 15 Jahre. Zu bedenken ist aber, dass die Ernte erst im dritten Jahr nach der Pflanzung einsetzt. Zwischen dem vierten und zehnten Ertragsjahr erntet man den Hauptertrag – in Pleidelsheim erzielen wir im Schnitt etwa 25 Kilogramm je Ar (100 Quadratmeter) und Ernteperiode, im gesamten Bundesgebiet liegt die Spanne zwischen 20 und 40 Kilogramm. Unser Spargel ist nicht nur ein köstliches und wohlschmeckendes Feingemüse, er verfügt auch über »innere Werte«. Wir bezeichnen ihn als ausgesprochen kalorienarm, er hat wenig Eiweiß, Fett und Kohlenhydrate, doch seine Fasern liefern uns die wichtigen Ballaststoffe. Er enthält ätherische Öle, Vitamin B und C, Provitamin A und die Mineralien Kalium, Calcium, Eisen und Magnesium. Nicht zu

Neugierige am Brunnen in Benningen

vergessen seine stickstoffhaltigen und schwefelhaltigen Stoffe sowie die Anteile an Zitronen- und Apfelsäure, die stark harntreibend wirken. Bekannte Spargelsorten sind »Schwetzinger Meisterschuss«, »Lucullus«, »Huchels Leistungsauslese«, »Ruhm von Braunschweig«, »Spaganiva« und »Bonlim«.
Ab dem dritten Pflanzjahr werden zum Triebbeginn Anfang bis Mitte April die bekannten Dämme errichtet. Wenig später kann die Ernte beginnen. Im ersten Erntejahr sticht man allerdings nur etwa vier Wochen lang, etwa bis Ende Mai, um die junge Anlage noch zu schonen. Beim Spargelstechen ist darauf zu achten, dass der Wurzelstock nicht verletzt wird; nur der Spross darf abgetrennt werden, wobei manche – bevor sie das Spargelmesser ansetzten – die ganze Spargelstange freilegen, andere jedoch allein den Kopf. Nach der Ernte wirft man mit dem Pflug die Spargeldämme wieder auseinander und ebnet das Feld mit einer Egge ein. Die Spargelsprosse treiben jetzt aus und werden schnell grün; im Spätherbst werden die rund 120 bis 180 Zentimeter hohen, nun abgestorbenen Triebe schließlich abgemäht und vernichtet. Das »Spargeljahr« ist damit aber noch nicht zu Ende: Denn vor Einbruch der Frostperiode muss man die übrig gebliebenen Stängelreste am Wurzelstock noch mit Erde bedecken. So kann dann die Spargelanlage bis zum nächsten Frühjahr überwintern.
Wer nach dem Beginn des Spargelanbaus in Pleidelsheim fragt, bekommt meist das Jahr 1931 genannt. Daniel Pfeiffer schrieb im Heft 20 seiner Pleidelsheimer Dorfgeschichte: »1931 pflanzte Bürgermeister Keller in seinem Garten den ersten Spargel«. Ganz sicher ist, dass Bürgermeister Hermann Keller der erste Spargelpflanzer in Pleidelsheim war, aber dies bereits im Jahr 1929. Im Frühjahr 1931 wurde von ihm schon gestochen.
Mitte der 1930er Jahre beschaffte die Gemeinde einen »Spargelschlitten« zum Errichten der Dämme für die spätere Ernte. Dieser Schlitten, der bis vor kurzem noch im Einsatz war, wurde kostenlos an die Spargelanbauer ausgeliehen. Für die Pleidelsheimer »Spargelpioniere« gab es allerdings nicht unerhebliche Absatzprobleme, die eine Intensivierung des Spargelanbaus zunächst verhinderten. Denn in den 1930er Jahren fehlte noch der Verbraucher vor Ort – wer hatte damals schon Geld für »Luxusgemüse«? Mit dem »Milchkutscher« Fritz Sommer wurde der geerntete Spargel in die Stadt transportiert und zum Beispiel auf dem Wochenmarkt in Ludwigsburg für 50 Pfennig je Pfund verkauft. Bereits 1937 kam es im Zuge der Feldbereinigung zu einer ersten Reduzierung der Anbaufläche und bis

Bei der »Sonne« am Favorite-Park in Ludwigsburg beginnt der Planetenweg.

nach dem Ende des Zweiten Weltkriegs ist der Spargelanbau in Pleidelsheim fast ganz zum Erliegen gekommen. Erst mit Beginn des Wirtschaftswunders in den 50er Jahren des letzten Jahrhunderts, als die Nachfrage nach dem königlichen Gemüse ständig zunahm, gingen immer mehr Bauern wieder dazu über, Spargel anzubauen. Zur Ausweitung der Anbaufläche trug schließlich auch bei, dass viele Tabakpflanzer nach dem verheerenden Blauschimmeljahr 1960 den Tabakanbau zugunsten des Spargels aufgaben. Heute verzeichnen wir in Pleidelsheim eine Spargelanbaufläche von rund zehn Hektar, die sich auf 36 Pflanzer verteilen.
Im Unterschied zu den Hauptanbaugebieten, wo der Verkauf des Spargels fast nur über Absatzgenossenschaften erfolgt, wird bei uns der Anbauertrag ausschließlich privat vermarktet. Spargelkenner und Gourmets schätzen den Pleidelsheimer Spross als besonders geschmacksintensiv. Dies mag am Boden (kein reiner Sandboden) liegen – sagen wir ganz einfach, ohne uns hervorzuheben, kein Spargel kann so schmecken wie unser Pleidelsheimer Spross.

Haupt- und Kulturamt Pleidelsheim

Altes Rathaus am Ende der Hauptstraße in Pleidelsheim

Der Gänsebrunnen vom Pleidelsheimer Steinmetz und Bildhauer Jörg Failmezger

Spinat-Auflauf

1 kg Spinat	putzen. Mit
1 Zwiebel (gewürfelt)	
1 TL Salz	
½ TL Pfeffer	
50 g Butter	5 Minuten dünsten. Vom Herd nehmen. Eine feuerfeste Form mit
10 g Margarine	ausstreichen. Die Hälfte des Spinats einfüllen, dann die Hälfte von
150 g Emmentaler (gerieben)	drüber streuen. Den Rest des Spinats darauf geben und mit dem Rest des Käses bestreuen. 10 Minuten bei 220 °C im Backofen backen.

Eine gute Beilage sind Salzkartoffeln.

Die Neckarpartie mit dem Götzturm im Hintergrund in Besigheim

Brunnendetail

Sauerkraut

1 Apfel	
1 Zwiebel	beides schälen und würfeln. Mit
2 EL Öl	andünsten.
5 Wacholderbeeren	sowie
1 Nelke	
5 Pfefferkörner	
1 Lorbeerblatt	
200 ml Wasser	dazugeben und zum Kochen bringen. Mit
850 g Sauerkraut (aus der Dose)	auffüllen. Deckel drauf und 25 Minuten kochen. Mit
Salz, Zucker	abschmecken.

Pfifferlingspfanne

1 kg Pfifferlinge	bürsten, wenn nötig waschen. In einem Topf
50 g Speck (gewürfelt)	
2 TL Zwiebel (gewürfelt)	mit
50 g Butter	glasig anbraten. Pfifferlinge dazugeben und 5 Minuten bei schwacher Hitze mit braten. Mit
1 TL Mehl	binden und mit
100 ml Sahne	auffüllen. Einmal aufkochen lassen. Mit
Salz	abschmecken.

Dazu reicht man Spätzle (Rezept siehe Seite 110) oder Semmelknödel (Rezept siehe Seite 125).

Evangelische Stadtkirche am Markt in Ludwigsburg

Kartoffelauflauf

1 kg Kartoffeln (gekocht)	
250 g Champignons	alles in Scheiben schneiden, in eine feuerfeste Form füllen.
100 g Speck	und
1 Zwiebel	würfeln, leicht anbraten und gleichmäßig über die Kartoffeln geben. Zuletzt
150 g Erbsen	zufügen.
⅛ l Milch	sowie
⅛ l Sahne	
1 TL Salz	
1 TL Pfeffer	
4 Eier	verrühren. Alles über die Kartoffeln geben und mit
30 g Reibekäse	bestreuen. Bei 200 °C etwa 35 Minuten im Backofen backen.

Mauerblumen

Einkaufs-Regeln

Gut wirtschaften heißt auch richtig einkaufen, gleichgültig, ob für sich, die Familie, für wenige oder mehr Gäste.

Dem Einkauf geht eine Menüplanung voraus. Steht die Speisefolge fest, werden die notwendigen Mengen der Zutaten ermittelt. Anschließend wird der eigene Bestand überprüft und festgelegt, was noch eingekauft werden muss.

Beim Einkauf folgende Regeln beachten:

- Einkaufsliste auf Möglichkeiten der Einsparung überprüfen
- Nur gleichwertige Produkte bieten Ersatz
- Frische Gewürze verwenden
- Fleisch vom Fachgeschäft, in das Sie Vertrauen haben
- Marktfrisches Gemüse bevorzugen, sonst Tiefkühlware
- Angebote vergleichen
- Brot von ihrem Lieblings-Bäcker
- Käse von Fachgeschäften

Meiereigebäude in Beihingen

Hackbraten mit Nudeln

4 Brötchen	in
Wasser	einweichen.
1 kg Hackfleisch (gemischt)	in eine Schüssel geben und mit
1 TL Pfeffer	
1 TL Paprika	
1 EL Salz	gut vermengen. Brötchen aus dem Wasser nehmen und mit der Hand gut ausdrücken, mit in die Masse kneten.
4 Eier	aufschlagen, zugeben, alles nochmals durchkneten. Die fertige Masse in eine Auflaufform füllen. Bei 175 °C im Backofen 40 Minuten backen.

Dazu schmecken gekochte, breite Nudeln (Bandnudeln) und Erbsen.

Skulptur eines Feuerwehrmannes in Freiberg am Neckar

Goldener Löwe in Marbach

Blätterteig gefüllt mit Rinderhackfleisch

400 g Blätterteig	Platten leicht ausrollen, 15 Minuten ruhen lassen.
400 g Rinderhackfleisch	mit
1 Zwiebel (gehackt)	
1 Knoblauchzehe (gehackt)	
200 g Champignons (gehackt)	
1 EL Salz	
1 TL Pfeffer	
1 TL Paprika	und
2 Eier	mischen, auf den Teigplatten verteilen. Den Rand mit
Wasser	einstreichen und zuklappen. Auf ein Backblech legen, bei 200 °C etwa 20 Minuten backen. Nach Wunsch kann man auch den Teig mit Eigelb bestreichen.

Neckarturm und Brückenkopf in Heilbronn

Gelbe Margerite

Gefülltes Kalbsschnitzel – Cordon bleu

4 Kalbsschnitzel aus der Keule (à 160 g)	flach klopfen. Mit
Salz, Pfeffer	würzen.
4 Scheiben Kochschinken	
4 Scheiben Emmentaler	je eine zusammengeklappte Scheibe Schinken und Käse auf eine Hälfte der Schnitzel legen und die andere Hälfte darüber klappen. Mit einem Zahnstocher zustecken. Schnitzel in
Mehl	wenden.
2 Eier	verquirlen, Schnitzel durchziehen und in
Paniermehl	gut andrücken. In einer Pfanne
2 EL Butterschmalz	erhitzen und die Schnitzel von beiden Seiten jeweils 8 Minuten braten.

Feuriges Reisfleisch

400 g Reis	kochen.
400 g Rinderoberschale	in Würfel schneiden. In
4 EL Öl	anbraten.
1 Zwiebel	würfeln. Dann
100 g Kidneybohnen	
100 g grüne Bohnen	
1 Pepperoni	mit braten.
100 ml Gemüsebrühe	auffüllen.
100 g Butter	unterheben und mit
1 TL Curry	
1 TL Paprika	
Salz, Pfeffer	abschmecken.

Schmuckes Häuschen in Aldingen

Gefüllte Kalbsbrust mit Brot-Kräuterfüllung

1 kg Kalbsbrust	vom Metzger zur Tasche aufschneiden lassen.
8 Brötchen (vom Vortag)	in Würfel schneiden.
1 Bund Blattpetersilie	
1 Bund Schnittlauch	
1 Stange Lauch	klein hacken. Mit
150 ml Sahne	und
6 Eier	zu den Brötchen geben und unterheben.
1 EL Salz	
1 EL Paprika	
1 TL Pfeffer	vermischen kräftig innen und außen auf die Kalbsbrust reiben. Mit der Brötchenmasse füllen und die Tasche mit einem Zahnstocher verschließen. Bei 150 °C im Backofen 1½ Stunden garen.

Am Neckarwehr in Freiberg

Leberknödel

1 kg Hackfleisch (gemischt)	sowie
200 g Rinderleber (durchgelassen)	
6 EL Semmelbrösel	
1 TL Salz	
Majoran (nach Belieben)	
3 Eier	in eine Schüssel geben.
1 Zwiebel (gewürfelt)	anschwitzen und dazugeben. Alles gut vermengen.
2 l Wasser	Zum Kochen bringen, dann die Leberknödelmasse mit einem Esslöffel abstechen. Die Knödel in das Wasser geben und 15 Minuten ziehen lassen.

Passt gut zu Sauerkraut und Kartoffelpüree

Kalbshirn überbacken auf Weißbrot

600 g Kalbshirn	im lauwarmen Wasser wässern und die Haut abziehen. Dann in
1½ l Wasser	mit
1 EL Salz	5 Minuten leicht köcheln lassen. Herausnehmen und abtropfen lassen.
4 Scheiben Weißbrot	in
50 g Butter	anbraten. Mit
4 Blatt Kopfsalat	belegen. Das Hirn auf
Salatblätter	verteilen. Mit
150 g Parmesan (gerieben)	bestreuen. Im Backofen bei Oberhitze 7 Minuten überbacken.

Die Lauffener Burg

Gekochte Rinderbrust mit Meerrettich und Brot

1 ½ kg Rinderbrust	in kochendes Salzwasser geben und 30 Minuten leicht köcheln lassen. Dazu
1 Zwiebel	halbieren und braun anbraten. Mit
1 Karotte	
1 Scheibe Sellerie	
1 Stange Lauch	zu der Brühe geben. Nochmals 60 Minuten weiter köcheln lassen und mit
3 EL Salz	
2 EL Universal-Würzmittel	abschmecken.

Dazu isst man Meerrettich (auch Sahnemeerrettich) und Schwarzbrot.

Der Deutschhof in Heilbronn

Kalbsbries auf Champignons

750 g Kalbsbries	unter fließendem Wasser waschen und die Haut abziehen. 6 bis 8 Minuten in Salzwasser bei 95 °C ziehen lassen. Herausheben und abkühlen lassen.
750 g Champignons	in Scheiben schneiden. Mit
50 g Butter	dünsten, dann mit
2 EL Mehl	bestreuen.
⅛ l Sahne	
3 EL Wasser	und
1 TL Salz	verrühren, über die Pilze geben und 2 Minuten ziehen lassen. Kalbsbries in Scheiben schneiden.
1 Ei	mit
1 EL Semmelbrösel	verrühren. Das Bries darin wenden und in
Butter	braten. Auf den Champignons anrichten.

Schlachtbraten (Hochzeitsbraten)

1 kg Rinderfilet	mit
Salz, Pfeffer	würzen. In
100 g Butterschmalz	anbraten.
100 g Karotten (gewürfelt)	
100 g Zwiebeln (gewürfelt)	
100 g Sellerie (gewürfelt)	und
1 EL Tomatenmark	mit in den Topf geben und 5 Minuten braten lassen. Mit
400 ml Gemüsebrühe	auffüllen. Dann im Backofen etwa 45 Minuten bei 140 °C zugedeckt garen.
250 g Champignons	halbieren und die letzten 10 Minuten dazugeben. Mit
Saucenbinder	nach Belieben binden.

Rathausgiebel mit Uhr in Besigheim

Esslingen, die ehemals freie Reichsstadt

Wir sind wohl inzwischen Württemberger, jedoch unsere stolze Geschichte als unmittelbare, nur dem Deutschen Kaiser unterstellte Reichsstadt, beeinflusst noch heute unser historisches Selbstverständnis.

Unsere Stadt war als älteste und größte Stadt von Innerschwaben seit dem Jahre 1079 den Staufer Herrschern und später dem Hause Habsburg, den Deutschen Kaisern, verpflichtet. Im Jahre 1488 wurde hier sogar der Deutsche Reichstag abgehalten. Gerne und mit leichtem Spott, denken wir noch heute daran, dass Stuttgart sich mit anderen Städten Württembergs im Jahre 1312 für vier Jahre dem Reich und ausdrücklich der Stadt Esslingen unterwerfen musste! Urkundlich fand Esslingen erstmals im Jahre 777 als sechste Cella am Neckar, im Testament des Abtes Fulrad von Kloster Sankt Denis bei Paris, Erwähnung. Als Stadt unter dem Namen Hetsilinga taucht Esslingen schon im Jahre 866 in einer Urkunde Ludwigs des Deutschen auf. Das Stadtrecht und den Namen des Schultheißen finden wir erstmals im Jahre 1229 in einer Schenkungsurkunde erwähnt.

Der wohl berühmteste Deutsche Kaiser, Friedrich I. Barbarossa, machte Esslingen im Jahre 1181 zur Reichslandstadt! Diese Erhebung machte uns anders, wir gehörten von nun an zu dem kleinen Kreis der Reichsstädte, stolz, nur dem Kaiser untergeben zu sein. Der Adler auf unserer Wappentafel hat deshalb seinen Kopf nach rechts, anstatt wie sonst üblich nach links, dem Feind in Stuttgart entgegen gewendet. Er wacht über uns!

Jedoch alles Gute geht einmal zu Ende. Nach den Wirren der Französischen Revolution erfolgte am 23. November des Jahres 1802 die zivile Inbesitznahme Esslingens durch die Württembergische Verwaltung und der Einmarsch des Württembergischen Militärs. Von nun an sind wir Württemberger. Vier Jahre später wurde Württemberg zum Königreich, vom Französischen »Empereur« Napoleon Bonapartes Gnaden! In der bewegten Geschichte Esslingens gäbe es noch vieles mehr zu erwähnen, aber belassen wir es hier beim Wesentlichen.

Natürlich hat Esslingen – obwohl heute noch von einer Stadtmauer teilweise begrenzt – auch eine moderne, unserer Zeit gerechte Seite. Alle Schulen, wie Grund-, Haupt- und

Das Alte Rathaus in Esslingen

Werkrealschule sind hier vertreten. Auch beheimatet die Stadt die Hochschule für Technik und Sozialwesen, ebenso wie die Evangelische Hochschule für Kirchenmusik. Das Esslinger Klinikum ist über seine Grenzen hinaus für seine freundliche Pflege und Kompetenz bekannt. Eine Vielzahl von sportlichen Einrichtungen, für Tennis, Reiten, Fußball, Radsport, Leichtathletik, Schwimmen und Fußball sind ebenfalls vorhanden.

Auch bekannte Industrien sind in Esslingen angesiedelt. Allen voran der Automobilkonzern Daimler mit seinen verschiedenen Abteilungen, die Firmen Eberspächer, Danfoss, die Sektkellerei Kessler und einer Reihe mehr. Weit über unsere Grenzen und fast Jedermann bekannt ist die Firma Hengstenberg, mit ihren köstlichen Gurken und dem Sauerkraut.

Der Weinbau, zu etwa 70 Prozent Rotwein, der ja zur gesamten Region gehört, ist natürlich auch hier stark vertreten. Weinreben werden besonders an den südlichen Terrassen entlang des Neckars angebaut. Als besonderer Tropfen gilt die Weinlage »Esslinger Burg«.

Besucher aus aller Welt kommen hierher, schlendern durch die Gassen des mittelalterlichen Stadtkerns mit seinen wunderbaren alten Fachwerkhäusern und der angeschlossenen Fußgängerzone mit der besonders reizvollen »Inneren Brücke«.

Um die Geschichte und unsere reizvolle Stadt näher kennen zu lernen, bietet das Esslinger Tourist Büro eine Vielzahl von Stadt- und Themenführungen an. Es würde uns freuen, Sie in unserer geschichtsträchtigen Stadt begrüßen zu dürfen, bedenken Sie, wir die weltoffenen, ehemals freien Reichsstädtler, wir sind anders!

J.J. Lohmann

Teil der Burg Esslingen

Trollinger-Kutteln

1 kg Kutteln (gekocht und in Streifen)	bereit halten.
1 Zwiebel (gewürfelt)	glasig dünsten.
2 EL Tomatenmark	
3 EL Mehl	dazugeben und in
50 g Butterschmalz	anschwitzen. Mit
100 ml Trollinger (vom Neckartal)	mehrmals ablöschen, bis eine schöne Bräune entsteht. Mit
½ l Brühe (oder Wasser)	auffüllen. Die Kutteln hinzugeben.
1 Lorbeerblatt	
5 Wacholderbeeren	
10 Pfefferkörner	
1 TL Salz	dazugeben und weich kochen.

> *Als Beilage empfehle ich Bratkartoffeln.*

Das Württemberger Wappen

Rinderfilet »Stroganoff«

750 g Rinderfilet	in Streifen schneiden und mit
Salz, Pfeffer	würzen. Das Fleisch in einer großen Pfanne in
4 EL Öl	anbraten. Dann
250 g Zwiebeln (gewürfelt)	und
350 g Champignons	dazugeben.
50 g Butter	
⅛ l saure Sahne	unterrühren.
¼ l Sahne	mit
1 TL Mehl	glatt rühren und dazugeben. Mit
1 EL Senf	sowie
Salz, Pfeffer	abschmecken. 5 Minuten leicht köcheln lassen.

Rindergulasch nach Oma Helga

1 kg Rinderoberschale	in nussgroße Stücke schneiden. Mit
2 EL Salz	
1 TL Pfeffer	und
1 TL Paprika	kräftig einreiben. In
50 g Butterschmalz	anbraten. Dazu
500 g Zwiebelwürfel	mit braten. Nach 10 Minuten geben Sie
4 EL Tomatenmark	dazu, kräftig mit braten und immer wieder mit etwas Wasser ablöschen, bis eine schöne dunkle Farbe erreicht ist. Dann mit
1 l Wasser	auffüllen. Alles 45 Minuten mit Deckel leicht kochen lassen. Nach Belieben abbinden.

Dazu reicht man Spätzle (Rezept siehe Seite 110) oder Semmelknödel (Rezept siehe Seite 125).

Blühender Rhododendron

Parmesanschnitzel

8 kleine Kalbsschnitzel	mit
1 TL Salz	würzen.
3 Eier	in einer Schüssel mit
4 TL Parmesan	verrühren.
3 TL Mehl	auf einen Teller geben, die Schnitzel erst im Mehl, dann in der Parmesan-Ei-Mischung wenden. Mit
150 g Butterschmalz	in einer Pfanne beidseitig etwa 8 Minuten ausbacken.

Kalbsrahmgulasch

800 g Kalbsgulasch (aus der Oberschale geschnitten)	mit
2 TL Salz	
1 TL Pfeffer	
1 TL Paprika	würzen und kräftig einmassieren. In
4 EL Öl	anbraten. Nach 5 Minuten
2 EL Tomatenmark	dazugeben und nochmals 5 Minuten bräunen lassen. Dann
1 Zwiebel (gewürfelt)	zugeben, glasig dünsten und mit
1 EL Mehl	bestäuben. Gut durchrühren. Auffüllen mit
1 l Wasser	Danach 30 Minuten zugedeckt köcheln lassen. Zum Schluss mit
100 ml	Sahne verfeinern.

Hausgemachte Spätzle passen als Beilage.

Äpfel von der Streuobstwiese

Sahneschnitzel

4 Kalbsschnitzel (à 150 g)	klopfen und leicht mit
Salz	würzen.
3 EL Sahne	
2 Eier	verrühren. Die Schnitzel in
2 EL Mehl	wenden, danach durch die Sahne-Ei-Masse ziehen und in
200 g Butterschmalz	ausbraten.

Beilage: Kartoffel-Gratin und Blattsalate

Der Neckar bei Remseck-Hochdorf

Evangelisches Pfarramt Mundelsheim

Kohlrouladen mit Gouda

Der Kohl

1 Weißkohl	20 Minuten in
Salzwasser	brühen. Abtropfen lassen und vorsichtig die Blätter abnehmen.

Die Füllung

500 g Hackfleisch	mit
2 Eier	
1 Zwiebel	
2 EL Semmelbrösel	
1 EL Salz	zu einer Füllung vermengen.

Die Fertigstellung

	Die Kohlblätter ausbreiten, Hackmasse darauf verteilen und zusammenfalten. Mit Spießchen feststecken oder verschnüren. Die Rouladen in
5 EL Öl	anbraten. Mit
¼ l Ananassaft	und
¼ l Sahne	auffüllen. 20 Minuten zugedeckt garen. Zuletzt mit
8 Scheiben Gouda	überbacken.

Erker am Schloss in Heutingsheim

Festessen-Heuschinken (für 25 Personen)

1 ganze Schweinekeule (etwa 13 kg, mit Schwarte)	In die Schwarte mit einem scharfen Messer 2 cm große Quadrate einritzen. Dann
8 l Wasser	und
200 g Salz	in einem großen Topf zum Kochen bringen.
300 g Heu	dazugeben (bitte beim Heu darauf achten, dass es frisch und sauber ist). Den Schinken ins kochende Wasser geben und zugedeckt etwa 4 bis 5 Stunden kochen. Wenn der Schinken durch ist, kann er in Scheiben geschnitten werden.

Die Schweinekeule am besten gleich vom Metzger hohl ausbeinen lassen.
Zum Heuschinken reicht man Meerrettich und Brot.

Allee vom Favorite-Park zum Schloss Monrepos in Ludwigsburg

Löwenbrunnen im Hof des Alten Schlosses Beihingen

Krustenbraten

1 Schweineschulter	in die Fettschicht 1 cm breite und tiefe Würfel einritzen. Mit
2 EL Salz	
1 EL Paprika	
1 TL Knoblauchgranulat	einreiben. Backofen auf 175 °C vorheizen.
4 EL Öl	in einen Bräter geben und die Schulter mit der Fettschicht nach unten zuerst 15 Minuten im Backofen anbraten, dann wenden und nochmals 60 Minuten weitergaren.

Freiberg mit Rapsfeld

Gasthaus »Zum Ochsen« in Pleidelsheim

Pfiffig waren wir Esslinger schon immer

An einem Markttag im Mittelalter kam ein eleganter Herr im langen schwarzen Mantel daher und begehrte an einem Stand einen schönen Apfel mit roten Backen zu kaufen. Als sich die Marktfrau bückte, um einen Apfel aus dem Korb zu holen, sah sie den leicht vom Mantel verhüllten Ziegenbocksfuß des Teufels. Sie griff in den anderen Korb und gab ihm eine rote Zwiebel. Aufmunternd sagte sie zu ihm: »Beiße er nur herzhaft hinein, in so einen schönen roten Apfel.« Achtlos tat der Teufel wie ihm geheißen, er biss hinein! Darauf hin fuhr er unter zischendem Schwefelgestank durch das Stadttor aus der Stadt hinaus und ward nie mehr gesehen. Zum Gedenken daran befindet sich unter den 63 Figuren auf dem Dach unserer Frauenkirche die Figur des Teufels mit seiner Zwiebel.

Jeden Sommer feiern wir die gelungene Teufelsaustreibung mit dem fröhlichen Zwiebelfest auf dem Marktplatz unsrer Stadt. Dort gibt es neben anderen Köstlichkeiten besonders den leckeren Zwiebelkuchen. Auch heute noch gibt es daraufhin ähnliche Reaktionen, wie sie dem Teufel widerfuhr!

J.J. Lohmann

Turm der Stadtkirche in Esslingen

Schnitzel nach Wiener Art

4 Schweineschnitzel (à 180 g)	klopfen mit
Salz, Pfeffer	würzen. In
2 EL Mehl	dann in
3 Eier (verquirlt)	und zuletzt in
300 g Semmelbrösel	wenden. Die Schnitzel in
100 g Butterschmalz	goldgelb ausbacken.

Figuren am Neuen Stadtbrunnen in Heilbronn

Krautrouladen vom Filderkraut

1 Kopf Weißkraut	etwa 4 Minuten in Salzwasser kochen und nach und nach die Blätter ablösen und beiseite legen.

Die Füllung

400 g Hackfleisch	
2 Eier	
2 Brötchen (eingeweicht)	
1 TL Salz	
1 TL Pfeffer	
1 Zwiebel (gehackt)	gut miteinander vermischen. Nun die einzelnen Krautblätter damit belegen, zusammenrollen, einschlagen und zubinden. Mit
20 g Butterschmalz	und
50 g Speckwürfel	von allen Seiten anbraten. 20 Minuten schmoren lassen. Mit
⅛ l Wasser	
⅛ l saure Sahne	sowie
20 g Tomaten	auffüllen und noch einmal 6 Minuten kochen lassen.

Dazu schmecken Kartoffeln als Beilage.

Pusteblumenwiese

Schweinefilet mit Spargel und Kartoffeln

1 kg Schweinefilet	in 3 cm breite Stücke schneiden, mit
1 EL Salz	
1 TL Paprika	würzen. In
100 g Butter	bei schwacher Hitze beidseitig braten.
1 kg Spargel	kochen (Rezept siehe Seite 39)
600 g Salzkartoffeln	zubereiten. Spargel, Schweinefilet und die Kartoffeln auf Tellern anrichten.
100 g Schnittlauch	schneiden. In
Butter	geben und leicht bräunen lassen, zuletzt über die Filets gießen.

Gedeckter Tisch im »Rössle«

In der Fußgängerstraße in Marbach

Weihnachtsmarkt mit Badehaus

Weit über die Grenzen Esslingens hinaus bekannt ist der Weihnachts- und Mittelaltermarkt, abgehalten in den engen Gassen und Plätzen des alten Stadtkerns mit seinen herrlichen, alten Fachwerkhäusern.

Hier taucht der Besucher in die romantische, mittelalterliche Stimmung der Vorweihnachtszeit ein: Die Stände in sanftes Kerzenlicht getaucht, aufgebaut, ausgestattet und verraucht wie vor Hunderten von Jahren. Die in grobe, mittelalterliche Kleider gewandeten Bedienungen offerieren hier Weihnachtstand, Spielwaren und vieles mehr sowie am offenen Feuer gegrilltes Fleisch und delikate Würste und andere Speisen. Großen Zuspruch findet auch die deftige Suppenküche.

Eine besondere Attraktion neben dem Hufschmied, Gauklern, Kerzenmachern, Schreibern und Druckern ist das mittelalterliche Badehaus. Hier sitzen unter kaltem Himmel, im offenen Zelt, nackte Weiber und Männer, gemeinsam in einem mit heißen, dampfenden Wasser gefüllten Holzzuber. Sie wärmen sich durch und zur Kurzweil trinken sie sich gegenseitig mit Bier gefüllte Humpen zu. Jedermann ist, gegen eine kleine Gebühr, herzlich zu diesem mittelalterlichen Bad eingeladen!

J.J. Lohmann

Innere Brücke in Esslingen

Berner Würste mit Weinkraut

8 Rote Würste	der Länge nach in der Mitte aufschneiden (bitte rechts und links je 2 cm nicht einschneiden).
3 Scheiben Gouda	in 2 cm breite Streifen schneiden. Die Würste mit Käsestreifen füllen. Anschließend jede Wurst mit je 2 Scheiben von
16 Scheiben Schweinebauch	umhüllen (mit Zahnstocher feststecken), in einer Pfanne bei schwacher Hitze beidseitig braten.
1 Dose Weinkraut (850 g)	
100 ml Rießling (Wein)	
200 ml Wasser	
2 TL Salz	
1 TL Zucker	zusammen in einem Topf zugedeckt 20 Minuten kochen, auf Teller geben, die Würste obenauf setzen und servieren.

Skulptur vor dem Schloss Ludwigsburg

Schweinehals aus dem Ofen

1½ kg Schweinehals	mit
1 EL Salz	
1 TL Pfeffer	
1 TL Paprika	einreiben.
1 Knoblauchzehe	in Streifen schneiden. Das Fleisch mit einem spitzen Messer einstechen und in die Löcher den Knoblauch stecken.
4 EL Öl	und
10 g Honig	miteinander vermischen, damit den Hals einreiben. Bei 160 °C im Backofen 1½ Stunden backen.

Schweinehaxe aus dem Ofen

4 Schweinhaxen	Schwarte gut einritzen. Mit
Salz, Pfeffer, Paprika	würzen.
	Bei 175 °C im Backofen etwa 2 Stunden ohne Deckel garen.

Geisingen bei Schnee

Der Neckar bei Ludwigsburg-Hoheneck

Festessen-Schweinschulter im Zwiebelsud

1 Schweineschulter (ohne Schwarte, hohl, ausgebeint)	bereit halten. Für den Sud
4 l Wasser	
2 Nelken	
100 g Salz	zum Kochen bringen.
3 Zwiebeln	schälen und halbieren, in einer Pfanne ohne Fett dunkel anbräunen. Zusammen mit
1 Lorbeerblatt	
6 Wacholderbeeren	ins Kochwasser geben. Die Schulter hineinlegen und rund 2 bis 3 Stunden zugedeckt kochen.

Mit Sauerkraut und Kartoffelpüree servieren

Verwaltungshaus der »Schiller Private University« in (Klein-) Ingersheim

Holzfällersteaks aus der Schweineschulter

4 Schulterscheiben (à 500 g)	mit Knochen, vom Metzger sägen lassen. Mit
Salz, Pfeffer, Paprika	würzen. In
2 EL Öl	beidseitig anbraten. Backofen auf 160 °C vorheizen und darin noch 25 Minuten garen. Die Steaks mit
100 g Kräuterbutter	belegen.

Dazu ein schmeckt deftiges Bauernbrot (Rezept siehe Seite 126).

Schweinefilet am Spieß vom Grill

8 Schweinfilet-Scheiben	je etwa 3 cm dick mit
8 Schweinebauchscheiben	umhüllen.
8 Kirschtomaten	waschen,
8 kleine Zwiebeln	schälen. Alles abwechselnd (jeweils 2 Stücke) auf
4 Holzspieße	aufstecken. Dann im Kontaktgrill rund 5 Minuten grillen.

Dazu passen frische Salate und Weißbrot.

»Der Weh'dürre«, wie die Freiberg-Heutingsheimer gehänselt wurden

Ganzes Schweinefilet mit Champignons

1 Schweinefilet (600 – 800 g)	mit
1 TL Salz	
je 1 Prise Pfeffer, Paprika	einreiben. Im Topf mit
1 EL Öl	rundum anbraten. Dazu
1 EL Tomatenmark	geben und 3 Minuten weiterbraten, bis es leicht bräunt. Dann mit
200 ml Wasser	auffüllen und 5 Minuten leicht köcheln lassen.
100 ml Rotwein	zugeben, nochmals 5 Minuten kochen. Vom Herd nehmen. Zum Abrunden
500 g Champignons in Scheiben	dazugeben. Mit
100 ml Sahne	verfeinern und anrichten.

Dazu gibt man hausgemachte Spätzle (Rezept siehe Seite 110).

Das Bürgerhaus in Mundelsheim

Partyschnitzel

700 g Schweinerücken	beim Metzger im Schmetterlingsschnitt schneiden lassen und am besten gleich etwa 2 cm dick ausklopfen lassen. Mit
1 TL Salz	würzen. Dann mit
2 EL Mehl	beidseitig bestreichen.
3 Eier	verquirlen.
150 g Semmelbrösel	auf eine Platte streuen. Schnitzel beidseitig durch das Ei ziehen und dann in Semmelbrösel wenden (andrücken). Eine große Pfanne mit
150 g Butterschmalz	erhitzen und das Schnitzel beidseitig bei mittlerer Hitze goldgelb ausbacken.

Bratkartoffeln und Salate sind passende Beilagen.

Neckarsteilufer bei Ludwigsburg-Poppenweiler

Turm der Martinskirche in (Groß-) Ingersheim

Gänsekeule nach Lyoner Art

4 Gänsekeulen	mit
2 EL Salz	
1 TL Pfeffer	würzen. In
3 EL Öl	anbraten.
2 EL Zwiebelwürfel	kurz mit braten. Mit
⅛ l Weißwein	
½ l Hühnerbrühe	auffüllen.
250 g Champignons	dazugeben.
100 ml Sahne	mit
1 EL Saucenbinder	verrühren und zugeben. Alles 30 Minuten leicht köcheln lassen.

Im Stadtzentrum von Freiberg am Neckar

Remseck-Hochberg: Kelter

Gefüllte Putenbrust

750 g Putenbrust	eine Tasche einschneiden. Innen und außen mit
1 EL Salz	
1 TL Pfeffer	würzen.
100 g Rauchfleisch	und
1 Zwiebel	würfeln.
1 Bund Petersilie (klein)	hacken. Alles mit
100 g Semmelbrösel	
2 Eier	vermischen. Mit dieser Masse die Tasche füllen. Mit einem Holzspieß verschließen. In
100 g Butter	anbraten. Bei 225 °C im Backofen fertig garen.

Putenschnitzel an Champignon-Parmesansauce

4 Putenschnitzel	mit
1 TL Salz	würzen. In
40 g Butter	bei mittlerer Hitze braten.
200 g Champignons	in Scheiben schneiden. Mit in die Pfanne geben und mit
1 TL Mehl	bestäuben. Glasig dünsten, dann mit
150 ml Sahne	auffüllen, einmal aufkochen lassen, und abschmecken. Mit
150 g Parmesan	überstreuen.

Das Gericht kann auch im Ofen überbacken werden.

Die Stuttgarter Stiftskirche

Benningen und seine Kirbe

Sollten Sie als Auswärtige an einem Montagabend im November durch Benningen kommen, werden Sie sich vielleicht verwundert die Augen reiben: »Tragen da weinende Kapuzenmänner einen geschmückten Sarg durch den Ort und werden dabei von vielen Menschen mit Fackeln begleitet?« Für alle Benninger ist klar: Jetzt beginnt der Höhepunkt der jährlichen Kirbe.

Eine Kirchweih oder »Kirbe« wird seit jeher in vielen Orten gefeiert. Der Brauch geht dabei auf die alte Tradition des Kirbevergrabens zurück. Nicht selten wurden am Ende der Feierlichkeiten Gegenstände beerdigt, die das Fest selbst symbolisieren sollten, wie zum Beispiel ein Stück Kuchen. In Benningen gibt es seit mehr als 100 Jahren diese Tradition. Die Kirbe ist trotz der vielen neuen »Events« eine Besonderheit weit über Benningen hinaus geblieben. Sie ist noch heute das »Volksfest« in Benningen am Wochenende vor Martini im November eines jeden Jahres.

Was macht die Kirbe in Benningen so einzigartig? Eine Besonderheit sind die Kirbebuben. Das sind die jeweils 20-jährigen Männer des Ortes, die damals wie heute gemeinsam für die Feierlichkeiten am Ort stehen. Die Tradition der Kirbebuben geht schon auf den Jahrhundertwechsel vom 19. ins 20. Jahrhundert zurück. Den Überlieferungen nach war es der Jahrgang, der anschließend zum Militär eingezogen wurde. Damals wie heute vergnügten sich die zumeist einheitlich gekleideten Kirbebuben in den Gaststätten und Wirtschaften, die nicht selten die Rechnungen für Speisen und Getränke bezahlten. Für die jungen Damen war es damals eine Ehre, mit einem Benninger Kirbebuben tanzen zu können. Die Kirbebuben gibt es noch heute. Sie bereiten sich schon Monate vorher auf das Wochenende im November vor. Die Kleidung muss ausgesucht, Sponsoren gefunden, die Verbrennung organisiert werden. Dabei entsteht zumeist auch ein großes Gemeinschaftsgefühl. Aus den gesammelten Spenden unterstützen die Kirbebuben nach dem Fest soziale Einrichtungen am Ort.

Neben den Kirbebuben ist das Kirbevergraben in Benningen zu einem Spektakel geworden. Im Laufe der Jahre wurde das Beerdigen des Kirbekuchens ersetzt, indem das Backwerk von der bis 1954 bestehenden gedeckten Holzbrücke in den Neckar geworfen wurde. Seither wird die »Kirbe« im Neckar »vergraben«, nach dem Zweiten Weltkrieg in Form eines Sar-

»Abundantia« – die römische Göttin des Überflusses

ges. Dieses Grabeszeichen wurde in den 1950er Jahren mit Stroh, Öl und Lumpen gefüllt, die angezündet für einen Feuereffekt sorgten. Danach bestückten die Kirbebuben den Sarg mit Feuerwerkskörpern und Magnesium, was zu nicht unerheblichen Detonationen führte. In den 1990er Jahren wurde das Sprengen des Sarges aus Rücksicht auf die vielen Zuschauer am Neckar untersagt. Seitdem organisieren und finanzieren die Kirbejahrgänge ein Feuerwerk, das sich Tausende Menschen nicht entgehen lassen. Der Sarg wird heute am Gelände des Motorbootclubs zu Wasser gelassen – und die Kirbebuben lassen sich häufig noch eine Überraschung einfallen.

In Benningen können wir uns auch in den nächsten Jahren auf die jährliche Kirbe freuen. Die vielen ehemaligen Kirbebuben und der vor wenigen Jahren gegründete Kirbeverein sorgen dafür, dass die Tradition erhalten bleibt. So ist am besagten Wochenende vor Martini der ganze Ort auf den Beinen, nachdem das Fest am Freitagabend mit einigen Donnerschlägen »eingeschossen« wird. Die attraktiven Kultur- und Sportprogramme an vielen Stellen im Ort werden gut besucht, vom Ringkampf bis zum Kasperletheater, vom Jugendkonzert bis zur Ausstellungseröffnung im Museum, vom verkaufsoffenen Sonntag bis zum Vergnügungspark. Der Höhepunkt aber kommt, wie bereits erwähnt, erst am Montag, wenn die Kirbe zu Grabe getragen wird. Vielleicht sind Sie das nächste Mal auch dabei?

Klaus Warthon

Benningen am Neckar

Benninger Heimatmuseum im »Adler«

Hähnchenbrustfilet mit Spargel und Käse

4 Hähnchenbrüste	mit
1 TL Salz	würzen. In
2 EL Öl	braten (beide Seiten etwa 5 Minuten). In eine feuerfeste Form (mit Deckel) legen. Mit
12 Stangen Spargel (gekocht)	belegen.
1 Tomate	in Scheiben schneiden, salzen und auf den Spargel geben. Zuletzt
8 Scheiben Gouda	darüber legen. mit einem Deckel zudecken. Bei kleiner Hitze 3 Minuten überbacken.

Zehntscheuer zum Neuen Schloss

Kilianskirche in Heilbronn

Hähnchen-Curry-Geschnetzeltes

800 g Hähnchenbrust	in Streifen schneiden, mit
1 EL Salz	
1 EL Curry	würzen. In
100 g Margarine	braten.
1 Dose Fruchtcocktail (850 g)	in ein Sieb geben und den Saft auffangen.
1 EL Mehl	mit ins Geschnetzelte geben, mehrmals umrühren und mit den Früchten auffüllen.
150 ml Sahne	und die Hälfte des Fruchtsaftes hinzugeben. Alles einmal aufkochen lassen, abschmecken.

Hähnchen mit Weinkraut

2 Hähnchen	halbieren. Mit
2 EL Salz	
1 EL Paprika	würzen. Im Backofen bei 200 °C etwa 25 Minuten garen. In der Zwischenzeit
1 kg Weinkraut	
1 EL Honig	
1 TL Salz	und
¼ l Weißwein	in einem Topf zugedeckt 15 Minuten kochen. Die Hähnchen darauf setzen und nochmals im Ofen bei 200 °C etwa 20 Minuten fertig garen.

Am Waldhornturm in Besigheim

Lammbraten Hausfrauen Art

1 Lammkeule	vom Metzger hohl ausbeinen lassen und mit
1 EL Knoblauchgranulat	
1 EL Salz	
1 EL Paprika	
1 TL Pfeffer	einreiben. In
100 g Butterschmalz	von allen Seiten anbraten.
50 g Tomatenmark	mitbräunen.
1 Zwiebel	
1 Karotte	
1 Scheibe Sellerie	jeweils würfeln, dazugeben und 10 Minuten mit braten. Mit
100 ml Weißwein	
100 ml Rotwein	
½ l Wasser	auffüllen, zudecken und bei schwacher Hitze 1½ Minuten garen. Eventuell mit
Saucenbinder	binden

Clematis

Lammrücken vom Grill

2 kg Lammrücken mit Knochen (gleich vom Metzger in Stücke hacken lassen).

2 EL Salz sowie

1 TL Pfeffer

1 TL Paprika

1 EL Knoblauchgranulat und

5 EL Öl zu einer Marinade rühren. Die Lammstücke damit bestreichen, auf den Grill legen und während des Grillens immer wieder damit einpinseln. Das Fleisch leicht rosa grillen.

Hotel und Restaurant »Rössle« in Freiberg (Beihingen)

Schmuck vor der Felsengartenkellerei

Gebeizter Rehbraten

1 Rehkeule
(hohl, ausgebeint)

Die Beize

1 Zwiebel	grob würfeln,
1 Karotte	grob würfeln, mit
¼ l Rotwein	
⅛ l Essig	
2 EL Salz	
2 EL Zucker	und
3 Nelken	vermengen. Mit
1½ l Wasser	aufgießen. Die Rehkeule einlegen und 5 Tage im Kühlschrank durchziehen lassen. Keule rausnehmen, abtropfen lassen und mit
1 EL Salz	und
1 TL Pfeffer	würzen. In
40 g Butterschmalz	von allen Seiten anbraten.
2 EL Tomatenmark	mit braten, bis es bräunt, dann mit der Beize auffüllen. Zugedeckt rund 1½ Stunden leicht köcheln, mit etwas
Speisestärke	abbinden. Die Sauce durch ein Sieb passieren und mit
100 ml Sahne	verfeinern.

Dazu reicht man Spätzle
(Rezept siehe Seite 110)

Die Mauritiuskirche in Pleidelsheim

Rebhühner mit Äpfeln

4 Rebhühner	auswaschen und trocknen.
2 Äpfel	schälen, das Kerngehäuse ausstechen und würfeln. Die Apfelstücke und
1 EL Rosmarin (gehackt)	in die Rebhühner füllen. Mit
1 EL Salz	
1 TL Pfeffer	würzen. Dann jedes Rebhuhn in je eine von
4 Scheiben Speck	einhüllen und zusammenbinden. In
100 g Butterschmalz	anbraten. Mit
½ l Sahne	und
200 ml Fleischbrühe	auffüllen. 20 Minuten zugedeckt leicht kochen lassen.

Der Schelztorturm in Esslingen am Neckar

Hirschkalbskeule mit Preiselbeer-Birne

1½ kg Hirschbraten	mit
2 EL Salz	
1 TL Paprika	würzen. In
100 g Butterschmalz	anbraten.
1 Zwiebel	würfeln und mit braten.
2 EL Tomatenmark	dazugeben und leicht bräunen.
5 Wacholderbeeren	
2 Lorbeerblätter	
¼ l Sahne	
¼ l Wasser	
100 ml Rotwein	
3 EL Essig	dazugeben. Alles 1 Stunde kochen lassen. Mit
Saucenbinder	abbinden. Zum Schluss
½ Birne	kochen, mit
Preiselbeeren	füllen und damit den Braten anrichten.

Wirtschaftsschild in Besigheim

Der Schuss ins Holzbein

Nach Mitte Oktober ist's nicht gut Hase sein. Dann nämlich hat die Schonzeit ein Ende und bis in den Januar hinein kennen Jäger und Treiber kein Pardon: Mit vereinten Kräften rücken sie den Langohren auf den Leib. In Aldingen hatte einst ein gewisser Louis Schnauffer die Jagd gepachtet. Den stolzen Preis von eintausend Mark zahlte der gutbetuchte Privatier aus Stuttgart Jahr um Jahr in die Gemeindekasse, denn die 820 Hektar großen Aldinger Gefilde waren begehrte Jagdgründe. Wenn alle sechs Jahre die Pacht neu ausgeschrieben wurde, mangelte es daher nie an zahlungskräftigen Bewerbern. Sogar der Baron von Palm aus (Stuttgart-) Mühlhausen hatte 1894 Interesse gezeigt, war aber von besagtem Schnauffer glatt überboten worden.

Um die Jahreswende 1896 ließ Schnauffer nun zur Treibjagd blasen. Ein Dutzend Gäste aus Stuttgart hatte er dazu geladen. Die Herren schossen, was ihnen vor die Flinten kam und beim Halali lag eine respektable Strecke im Gras: mehr als 200 Hasen hatten ihr Leben lassen müssen, doppelt so viele wie drüben in Mühlhausen. Und ein besonders glücklicher Nimrod war gar auf einen prächtigen Fasan zum Schuss gekommen.

Dass bei solch einer Honoratiorenjagd auch etliche Treiber weidwund geschossen wurden, kam im Eifer des Gefechtes schon mal vor. 1896 aber traf es einen völlig unbeteiligten Schaulustigen aus Aldingen. Dem feuerte nämlich einer jener Schnaufferschen Sonntagsjäger die volle Schrotladung ins Bein. Zum Glück ging die Sache glimpflich ab; dennoch berichtete damals die ganze Presse im Land über das Missgeschick:

Bei einer Treibjagd auf der Markung Aldingen-Ludwigsburg schoss ein Herr der Jagdgesellschaft aus Stuttgart einen Bürger aus Aldingen, der dem Treibjagen zusah, in das Bein. Der betreffende Schütze hatte einem Hasen, welcher durch die Schützenlinie brach, nachgeschossen, statt Meister Lampe aber jenen Zuschauer getroffen. Wobei er aber noch besonders Glück hatte, indem der Angeschossene schon früher einen Fuß verloren hatte, der durch einen hölzernen ersetzt war, so dass der ungeschickte Schütze seine ganze Schrotladung zu seinem Heil in dieses künstliche Bein jagte.

Eduard Theiner

Brunnen vor dem Alten Rathaus Heutingsheim

Wildente

2 Wildenten	kräftig mit
2 TL Salz	und
1 TL Pfeffer	einreiben. Mit
3 EL Öl	im Bräter bei 225 °C rund 50 Minuten garen.
¼ l Wasser	
⅛ l Sahne	
4 EL Grand Marnier	und
1 TL Speisestärke	mit unterrühren. Dann noch 15 Minuten bei 180 °C fertig garen.

Als Beilage Rotkohl und Petersilienkartoffeln reichen

In der Esslinger Altstadt

Georgskirche in (Klein-) Ingersheim

Hasenkeule in Sahnesauce

4 Wildhasenkeulen	mit
EL Salz	
1 TL Peffer	
1 TL Paprika	würzen. In
100 g Butterschmalz	anbraten. Mit
200 ml Wasser	
2 cl Wacholderschnaps	auffüllen. Nun
300 ml Sahne	mit
1 EL Mehl	glatt rühren und dazugeben. Bei schwacher Hitze zugedeckt 1 bis 1½ Stunden garen.

Blühende Obstanlage bei Freiberg am Neckar

Wappen der Stadt Freiberg am Neckar

Zanderfilet in Bierteig

4 Stück Zanderfilets (je 220 g)	mit
2 TL Salz	und dem Saft
1 Zitrone	würzen. Für den Bierteig
4 EL Mehl	
200 ml Bier	verrühren.
2 Eigelb	
1 TL Zucker	unterrühren,
3 Eiweiß	zu Schnee schlagen und unterheben. Filets beidseitig durch den Bierteig ziehen und in einer Pfanne mit
8 EL Öl	braten.

Als Beilage empfehle ich bunte Blattsalate.

Hausschmuck in Esslingen

Matjesfilet nach Hausfrauen Art

8 Matjesfilet	auf Teller setzen.
2 Äpfel	schälen, ausstechen, in Streifen schneiden.
1 kleine Zwiebel	
2 Essiggurken	ebenfalls in Streifen schneiden. Aus
400 ml saure Sahne	
1 TL Senf	
1 TL Zitronensaft	
1 TL Salz	
1 Prise Pfeffer	einen Dip herstellen. Die geschnittenen Zutaten untermengen. Alles auf die Matjes geben.

Mit Salzkartoffeln anrichten

Matjes mit Preiselbeer-Sahne

8 Matjesfilets	auf Teller setzen.
½ l Sahne	schlagen. Mit
4 EL Preiselbeeren	vermengen und über die Filets geben.
800 g Kartoffeln	schälen, halbieren, gar kochen und als Beilage servieren.

Wappen-Männle aus Lauffen

Regenbogenforelle blau

4 Forellen	ausnehmen, waschen und mit
5 l Wasser	
2 EL Salz	
1 Nelke	
1 Lorbeerblatt	
1 TL Zucker	in einem Topf auf 95 °C erwärmen. Forellen etwa 10 Minuten leicht kochen. Wenn die Forellen auf der Seite aufplatzen, sind sie fertig.

Forelle nach Müllerin Art

4 Forellen	ausnehmen und waschen. Mit
1 EL Salz	
1 TL Paprika	würzen. In
4 EL Mehl	wenden. Mit
100 g Butter	in der Pfanne beidseitig 12 Minuten braten.
1 TL Petersilie (gehackt)	sowie
4 Zitronenscheiben	dazugeben und noch weitere 2 Minuten bei schwacher Hitze braten.

Beilage: Kartoffeln und Salate

Stelen zur Wildbieneneiablage bei (Groß-) Ingersheim, im Tal Pleidelsheim

Wallerfilet auf Wurzelgemüse

1 kg Wallerfilet (Welsfilet)	mit
2 TL Salz	
2 TL Worcestersauce	einreiben und beiseite stellen.
4 Kartoffeln	
100 g Sellerie	
100 g Karotten	
100 g Zwiebeln	
100 g Zucchini	schälen, beziehungsweise putzen und würfeln. In einer feuerfesten Form mit
100 g Butter	und
200 ml Gemüsebrühe	verteilen. Wallerfilet obenauf setzen, zugedeckt 45 Minuten bei 175 °C im Backofen garen.

Brunnen und Königsbau in Stuttgart

Marbach, die Schöne

So nennen wir Marbacher liebevoll unsere Stadt. Der alte Stadtkern, nach drei Seiten eingegrenzt von der Stadtmauer, seit 1983 unter Denkmalschutz, hoch über dem Neckar thronend, beschaulich, vertrauliche mittelalterliche Heimat, Station der Deutschen Fachwerkstraße.

Wären da nicht moderne Attribute, zeitgemäße Beleuchtung und Läden, man könnte denken, die Zeit sei stehen geblieben. Dieser alte Stadtkern Marbachs geht auf die Zeit des Wiederaufbaus, nach Plünderung und Brandschatzung durch die französischen Truppen im Jahre 1693 zurück. Es hat fast 150 Jahre gedauert, bis sich Marbach von dieser totalen Zerstörung wieder erholt hatte.

Die erste urkundliche Erwähnung erfährt Marbach im Jahre 972. Das Markt- und Münzrecht erhielt sie bereits 1009, städtisch ausgebaut wurde unsere schöne Stadt schon im 12. Jahrhundert und erhielt in der zweiten Hälfte des 13. Jahrhunderts das Stadtrecht. Im Jahre 1302 fiel die Stadt dann der Grafschaft Württemberg zu, woraus das spätere Herzogtum und Königreich Württemberg entstand.

Aber Marbach ist nicht nur dieses mittelalterliche Kleinod, sondern auch eine moderne Stadt von etwa 15 000 Einwohnern. In ihr und in ihren neuen, eingemeindeten Stadtteilen finden wir alle Arten von Schulen, wie Grund-, Förder-,

Marbach am Neckar

Ehemaliges herrschaftliches Haus

Haupt-, Realschule und natürlich das Friedrich Schiller Gymnasium. Bildung und Literatur werden hier großgeschrieben. Auch moderne Industrien, wie Kunststoff-Verarbeitung und Werkzeugbau sind angesiedelt.

Besonders stolz sind wir auf unseren von der Sonne verwöhnten Wein, speziell den Trollinger. Gibt es doch sogar zwei Weinbau Genossenschaften. Mehr als zwei Drittel der Weinanbaufläche wird zum Anbau von Rotwein genützt. Der meiste Wein wird hier in unserer Umgebung getrunken, denn unser tägliches Viertele möchten wir nicht missen.

Zu erreichen ist Marbach über ein gutes Straßennetz, mit der S-Bahn Linie S4 des Stuttgarter Verkehrsverbundes und mit Bussen. Die Schifffahrt auf dem Neckar hat eine Anlegestelle gerade unterhalb der Altstadt. Drei Landesradwege führen ebenfalls in unsere Stadt. Durch diesen engen Verkehrsverbund mit unserer Landeshauptstadt Stuttgart und aufgrund der Mobilität der Menschen, ist Marbach zu einem geschätzten, idyllischen Siedlungsgebiet für den Stuttgarter Raum geworden. Hier lässt es sich gut leben! Besucher aus aller Welt, seid uns willkommen in Marbach, der Schönen!

J.J. Lohmann

Marktstraße in Marbach

Oberer Torturm von Marbach

Bachsaibling in der Folie

4 Bachsaiblinge (ausgenommen)	waschen und trocknen. Mit
1 EL Salz	innen und außen würzen. Auf Alufolie legen.
1 Knoblauchzehe	sowie
1 Zweig Petersilie	
1 Zweig Dill	dazugeben. Saiblinge nebeneinader in die Folie einwickeln. 40 Minuten bei 175 °C im Backofen garen.

Auf Nudeln anrichten

Torhaus am ehemaligen »Heilbronner Tor« der Stadt Ludwigsburg

»Willkommens-Igel« im Rössle

Flusskrebse auf Nudeln

500 g bunte Nudeln	nach Packungsanweisung zubereiten.
1½ kg Flusskrebse	bereit halten.
3 l Wasser	
3 EL Salz	
100 ml Essig	
1 Zwiebel	im Topf aufkochen, Krebse mit dem Kopf voraus in den Topf setzen, aufkochen, Hitze herunterschalten und 15 Minuten ziehen lassen. Mit
1 Knoblauchzehe (gewürfelt)	in
100 g Butter	anschwenken. Mit
100 ml Sahne	ablöschen. Nudeln dazugeben, mit
Salz, Pfeffer	abschmecken. Krebse aus dem Topf nehmen, abtropfen lassen und auf den Nudeln anrichten.

Salat mit Knoblauch-Gambas

250 g Frisée-Salat	
250 g Ackersalat (Feldsalat)	waschen. Auf einem großen Teller ausbreiten. Mit
3 EL Balsamico	beträufeln, dann
6 EL Olivenöl	erwärmen.
500 g Gambas	darin anbraten.
2 Knoblauchzehen	pressen und dazugeben, fertig garen. Die Gambas über den Salat geben. Mit etwas
Salz	abschmecken.

Alte Weinpresse neben Fässern

Flussaal in der Folie

1 kg Aal	ausnehmen, putzen und auf Alufolie legen. Innen und außen mit
2 TL Salz	würzen.
400 g Kräuterbutter	im Aalbauch verteilen, einwickeln und im Backofen bei 150 °C etwa 35 Minuten garen.
1 Stangen-Weißbrot	aufschneiden und zum Aal servieren.

Schillers Geburtshaus in Marbach am Neckar (rechts)

Schiller in der Mauer

Marbach, die Schillerstadt

Der Welt wurde Marbach durch seinen berühmtesten Sohn, den anderen großen Deutschen Dichter, Friedrich Schiller bekannt. Er wurde hier in der Niklastorstraße am 10. November 1759 als Sohn eines Militärarztes geboren. Die ersten vier Jahre seiner Kindheit verbrachte er in diesem kleinen bescheidenen Häuschen.

Schon zu seinem hundersten Geburtstag erwarb die Stadt auf Anregung von sieben Hanauer Bürgern Schillers Geburtshaus. An seinem Geburtstag ertönt jedes Mal das Geläut der Schillerglocke »Concordia«, die von der Deutschen Kolonie in Moskau im Jahre 1859 gestiftet wurde.

Marbach wurde nun schlechthin als die Schillerstadt bekannt. Schon im Jahre 1835 gründete man den Verein für Schillers Denkmal, den Vorläufer der heutigen Schillergesellschaft. Die literarische Tradition wird heute in unserer schönen Stadt durch das Deutsche Literaturarchiv fortgesetzt. Es beherbergt mehr als 1000 Nachlässe, Texte und Dokumente Deutscher Schriftsteller.

Auf Schillers Spuren wandeln können Sie beim Besuch des Schiller Nationalmuseums oder dem Literaturmuseum der Moderne. Schillers Geburtshaus, wo die Marbacher Schillerverehrung dokumentiert ist, können Sie täglich besichtigen.

Schiller selbst oder dessen Mutter und andere erleben Sie bei Stadtführungen durch unsere historischen Gassen. Buchungen und Anfragen nimmt die Touristinformation gerne entgegen.

J.J. Lohmann

Schillerdenkmal

Gebratene Lachssteaks

4 Lachsscheiben (à 200 g)	mit
1 EL Salz	würzen. In
50 g Butter	von jeder Seite 3 Minuten anbraten.
2 Tomaten	
1 Zitrone	jeweils in Scheiben schneiden, zum Lachs legen und mit
1 TL Dill (gehackt)	bestreuen. Bei 160 °C im Ofen 15 Minuten fertig garen.

Pochiertes Wildlachsfilet

4 Wildlachsfilets (à 180 g)	mit
2 TL Salz	würzen. Ein Blech mit
50 g Butter	ausreiben.
1 Zwiebel	würfeln. Mit
100 ml Weißwein	auf das Blech geben. Lachs darauf setzen und mit Folie abdecken. 35 Minuten bei 130 °C in den Backofen geben.

Modernes Heilbronn

Schollenfilets im Ei-Mantel

8 Schollenfilets	mit
1 EL Salz	bestreuen und in
2 EL Mehl	wenden.
3 Eier	miteinander verquirlen, die Schollenfilets hindurch ziehen. In
50 g Butter	bei schwacher Hitze beidseitig braten.

Teilansicht Kelter in Benningen

Bibbeleskäs

250 g Quark	sowie
250 g Hüttenkäse	
150 g Schmand	miteinander vermischen.
1 Zwiebel	
1 Knoblauchzehe	klein hacken, dazugeben. Mit
1 TL Kümmel (nach Geschmack)	
1 TL Salz	
½ TL Pfeffer	abschmecken. Zuletzt mit
½ Bund Schnittlauch (gehackt)	bestreuen.

Dazu reicht man am besten Pellkartoffeln.

Geisingen vom Tal aus gesehen

Über dem Tor der ehemaligen Küferei in Mundelsheim

I schwätz schwäbisch

Gzälzbrod	Marmeladenbrot
Brogala	Erbsen
Zibeba	Rosinen
Krumbiere	Kartoffeln
Breschdling	Erdbeeren
Semsegrebsler	saurer Wein
Schwätza	sprechen, reden
Rädich	Rettich
Bettscheißer	Stiefmütterchen
Zerenke	Flieder
Schorle	Getränk halb Wein-halb Wasser
S hod gschmeckt	es war gut
Leffele	kleiner Löffel
Grißgodd	Guten Tag
Ade	Auf Wiedersehen
Schbeiskard	Speisekarte
Glüschda	auf etwas Appetit
Dränggeld	Trinkgeld

Die Uhren am Rathaus in Heilbronn

Neckartaler Dampfnudeln

Von Ramona Rommel

In Vanillesauce oder mit Zwetschgen servieren

500 g Mehl
100 g Butter
300 g Milch (lauwarm)
5 g Salz
1 EL Zucker
20 g Hefe (aufgelöst) in einer Schüssel so lange schlagen, bis der Teig Blasen wirft und sich von der Schüssel löst. 30 Minuten gehen lassen. Dann 1 cm dick auswellen und mit einem Glas ausstechen. Nochmals 30 Minuten auf einem bemehlten Holzbrett gehen lassen. Dann

100 g Milch
50 g Butter und
1 EL Zucker in einer Eisenkasserolle zum Kochen bringen, die Nudeln dicht an dicht einbringen und bei 220 °C zugedeckt 30 Minuten backen.

Ehemalige Küferei in Mundelsheim

Linsen mit Spätzle und Saiten

350 g Linsen	über Nacht in Wasser einweichen.
Je 1 EL Zwiebel, Karotte, Sellerie (gewürfelt)	in einem Topf mit
Öl	glasig anbraten.
1 TL Tomatenmark	mit anbraten.
1 EL Mehl	darüber stäuben und mit braten, bis alles leicht bräunt. Die eingeweichten Linsen abschütten und dazugeben. Etwa
200 ml Wasser oder Gemüsebrühe	nach und nach dazugeben, bis alles weich gekocht ist. Mit
2 EL Weinessig	und
Salz, Pfeffer	abschmecken.

Dazu reiche ich Spätzle und ein Paar Saiten (Wiener Würstchen)

Margeritenwiese

Rathaus und Martinskirche in (Groß-) Ingersheim

Ofenschlupfer

Von Uwe Reimann

4 Doppelwecken	in Scheiben schneiden.
1 Apfel	schälen, entkernen und ebenfalls in Scheiben schneiden. In eine gefettete Auflaufform wird abwechselnd eine Lage Weckschnitten gelegt, dann eine Lage Apfelscheiben. Mit
50 g Zucker	
50 g Korinthen	
50 g Mandeln	bestreuen. Jetzt
250 g Milch	und
2 Eier	verrühren und langsam darüber gießen. Bei 175 °C im Ofen 40 Minuten backen.

Weinstube in Heilbronn

Saure Kartoffelrädle

1 kg Kartoffeln	kochen, schälen und in Scheiben schneiden.
30 g Butterschmalz	
60 g Mehl	
1 EL Zwiebeln (gewürfelt)	zusammen im Topf bräunen (einbrennen lassen) mit
¾ l Wasser	
1 TL Salz	
3 EL Essig	
1 Nelke	und
1 Lorbeerblatt	auffüllen und noch 20 Minuten leicht kochen lassen. Danach die noch warmen Kartoffelscheiben beifügen und noch weitere 5 Minuten kochen. Dazu reicht man am besten Saitenwürstle.

Neckartäler Käseschnitzel

4 Kalbsschnitzel	mit
Salz, Pfeffer, Paprika	würzen. Für die Panade
2 Eier	
50 g Parmesan (gerieben)	
1 Prise Salz	zusammen verrühren. Schnitzel zuerst in der Eimasse, dann in
3 EL Mehl	wenden und beidseitig in heißem
4 EL Öl	ausbacken.

Als Beilage schmecken Tomatenspaghetti.

Oberes Schloss in Geisingen

Die gestohlenen Kirchenschrauben

Helle Aufregung herrschte in den ersten Julitagen des Jahres 1813 unter den Neckarremsern: Ihre ehrwürdige Kirche Sankt Michael und Sebastian war dem Einsturz nahe. Und wer hatte Schuld daran? Einzig und allein ein frecher Dieb, der 16 Stück guter Eisenschrauben aus den Hängebalken herausgedreht hatte, »worauf der Durchzug, das Gebälk und der ganze Dachstuhl ruht«. Freilich hatte der Missetäter leichtes Spiel gehabt, denn an einem Nagel fand er griffbereit die beiden Schraubenschlüssel hängen, »mit welchen die Schraufenmuttern zur Befestigung angezogen worden.«
Aus purem Zufall hatte Schultheiß Krämer die ruchlose Tat entdeckt, als er mit Zimmermann Wezel auf dem Dachboden herumkroch, weil man dort eine Riegelwand einziehen wollte. Eilends wurde das Gemeindegericht einberufen und der Schullehrer Seitter herbeizitiert, welcher die Kirchenschlüssel verwahrte. Seitter versicherte sogleich hoch und heilig, er sei aufs höchste bestürzt und wisse nicht

Alte Meierei in Remseck-Hochdorf

Kirche in Remseck-Aldingen

im mindesten, »wie und auf welche Art die Schrauffen ausgebrochen worden«. Das konnte eigentlich nur damals im Mai passiert sein, als der Schulmeister vier Tage lang abwesend war, um seine Eltern in Hausen an der Würm zu besuchen. Mit kriminalistischem Spürsinn überlegt nun Schultheiß Krämer: Wer konnte bei der Missetat wohl seine Hand im Spiel haben? Er kombiniert messerscharf und schickt schleunigst den Büttel los, um beide Schmiedemeister des Fleckens zum Rathaus holen zu lassen. Die sind auch alsbald zur Stelle, schwören aber heilige Eide, »daß ihnen von solchen Schrauffen durchaus nichts bekannt sei«.
Zuletzt gerät Lehrer Seitter selbst in Verdacht. Denn unlängst erst will Bäcker Rösch gesehen haben, wie Schmiedemeister Widmann missmutig eine »ziemlich starke Schraufenmutter« ins Feuer legte mit den Worten: Daraus solle er dem Schulmeister etwas machen, der aber bringe ihm immer so ungeschicktes Eisen daher.
Allerdings sprach aus dem ehrbaren Bäckermeister vielleicht ein wenig Brotneid. Denn Lehrer Seitter betätigte sich neben dem Unterricht mit Erfolg als Wirt und als Bäcker. Der geplagte Schultheiß Krämer nahm also alle Zeugen noch einmal ins Gebet. Als aber rein gar nichts aus ihnen herauszubringen war, ließ er alle Hoffnung fahren, den gemeinen Kirchendieb noch überführen zu können. Er kannte ja seine Neckarremser und wusste, »daß man hier bei jedem vorkommenden Diebstahl selten ein Geständnis herausbringt, indem man sich sehr auf das Läugnen legt, und Zwangsmittel dem Schultheiß zu gebrauchen leider nicht erlaubt sind.« Mit diesem Seufzer schloss er sein achtseitiges Untersuchungsprotokoll. Und die Neckarremser Michael und Sebastiankirche? Nun, bis heute hat sie dieses Bubenstück unbeschadet überstanden.

Eduard Theiner

Steg über den Neckar

Schloss in Remseck-Hochberg

Schwäbischer Wurstsalat

600 g Lyoner	
200 g Schwarzwurst (Blutwurst)	
1 Zwiebel	
2 Essiggurken	alle Zutaten in Streifen schneiden. Mit
100 ml Wasser	
1 TL Senf	
1 TL Salz	
1 Prise Zucker	
6 EL Weinessig	
6 EL Sonnenblumenöl	anmachen.

Die Schwarzwurst kann man weglassen und durch Käse ersetzen (Schweizer Art). Dazu reiche ich ein schönes Bauernbrot oder Bratkartoffeln.

Schwäbische Schinkenspätzle

200 g gekochter Schinken	in Würfel schneiden. Mit
50 g Butter	anbraten, dann
600 g Spätzle (Rezept siehe Seite 110)	dazugeben und unter ständigem Wenden leicht bräunen.
6 Eier	mit
1 TL Salz	verrühren, zu den Spätzle geben und weiter braten.
1 Bund Schnittlauch	schneiden, ebenfalls dazugeben. Nochmals drei- bis viermal wenden und anrichten.

Als Beilage reiche ich bunte Blattsalate.

Vor der Kelter in Besigheim

Schwabenteller

4 Rostbraten (à 180 g)	mit
Salz, Pfeffer	würzen. In
40 g Butterschmalz	anbraten.
1 Zwiebel (in Streifen)	dazugeben und mit
0,3 l Bratensauce	auffüllen. 5 bis 10 Minuten garen (je nach Geschmack: englisch, medium oder durch).

Mit Salat, Maultaschen, Spätzle oder Bratkartoffeln servieren

Saure Nieren

800 g Nieren (geputzt)	in Streifen schneiden.
50 g Butterschmalz	in der Pfanne erhitzen. Darin
2 EL Zwiebeln (gewürfelt)	
1 TL Tomatenmark	anbraten. Nun die Nieren sowie
1 TL Senf	
2 EL Essig	dazugeben. Mit
20 ml Rotwein	und
40 ml Sahne	verfeinern. Nach Belieben mit
Salz	abschmecken.

Beilage: Bratkartoffeln

Glockenblume

Spätzle

3 Eier	mit
100 ml Wasser	in eine Schüssel geben und mit einem Schneebesen aufschlagen.
1 TL Salz	dazugeben. Etwa
350 g Mehl (Type 405 oder Spätzlemehl)	unter die Masse geben, dann mit einem Rührlöffel kräftig schlagen, bis sich der Teig vom Schüsselrand löst und Blasen wirft. Wenn er zu dünn ist, noch etwas Mehl zufügen.
3 l Wasser	mit
1 Prise Salz	zum Kochen bringen. Spätzlesteig auf ein Spätzlebrett streichen und mit einem Teigschaber ins Wasser schaben (oder durch eine Kartoffelpresse ins Wasser geben). Einmal aufkochen lassen, herausnehmen und fertig!

Spätzle schmecken auch gut »abgeschmelzt«, das heißt, man gibt in Butter geröstete Weißbrotbrösel darüber.

Neckartal mit (Klein-) Ingersheimer Schloss, darin die »Schiller Private University«

Brunnen in der Marktstraße von Marbach

Zwiebelkuchen

250 g Hefeteig (Rezept siehe Seite 154)	ausrollen und auf ein mit
Butter	bestrichenes Kuchenblech legen.

Die Füllung

1 kg Zwiebeln	fein würfeln, im Topf mit
125 g Butter	anschwitzen, mit
4 EL Mehl	bestäuben. Nun
125 ml Milch	und
125 ml Sahne	dazugeben und mit
1 TL Salz	sowie
Kümmel (nach Geschmack)	würzen. Alles einmal aufkochen lassen. Vom Herd nehmen,
3 Eier	aufschlagen und dazugeben. Die Masse in die Hefeteig-Form geben und bei 180 °C etwa 45 Minuten im Backofen backen.

Nudelteig
(Grundrezept – auch für Maultaschen geeignet)

280 g gesiebtes Mehl	
3 EL Hartweizengrieß	
1 TL Salz	
1 Ei	
100 ml Wasser	alle Zutaten verkneten (eventuell mit Knetmaschine) dann mit einem Wellholz dünn ausrollen und verarbeiten.

Zwei Stockenten

Original schwäbische Maultaschen

Hackfleisch, Zwiebeln, Peitschestecke,
wassergeweicht Dopplweckle,
Wengertgres, Peterleng,
Spinat ond Brät,
älles durch de Fleischwolf dreht.
Eier drüber, Salz ond Pfeffer,
geit a Toigle, geit en Treffer.
Grad für d'Nudelböde g'richt
ond schau kraigt dui Sach a Gsicht!
Drufgschmiert, zudecht, doilt ond g'schnitte,
net lang g'fackelt, mai ond itte.
Nei end Brüah ond ufkocht g'schwend
Selber schuld wer's Maul verbrennt.

mündlich überliefert von Rosine Rommel
(Verfasser laut Recherche Heinz Eugen Schramm)

Zutaten für Maultaschen

Himmlische Maultaschengerichte

– *mit Zwiebeln abgeschmelzt*
– *Schwaben-Glück mit Rahmsauce*
– *geröstet mit Ei*
– *überbacken mit Gouda oder Bergkäse*
– *Wildschütz mit Sahne, Preiselbeeren und Pilzen*
– *in der Rinderbrühe mit Schnittlauch*
– *überzogen mit Sauce Hollandaise*
– *gebraten mit Butter in der Eisenpfanne*
– *Wiener Art gebacken im Butterschmalz*
– *belegt mit Sardellen und Oliven*
– *Italienische Art mit Tomaten und Mozzarella*
– *überbacken mit Räucherlachs und Emmentaler*
– *in Streifen gebraten mit Zwiebeln und Schinken*
– *auf Toast mit Schinken, Pilzen und Käse*
– *überbacken mit gehackten Tomaten und Käse*
– *am Spieß mit Paprika und Zwiebelscheiben*
– *in Paprikasahnesauce*
– *in Streifen mit Knoblauch, Zwiebeln und Ei*
– *am Spieß umhüllt mit Bierteig*
– *auf Toast mit Tomaten und Mozzarella*
– *gebraten auf Rösti, dazu frischer Spargel*
– *überbacken mit Sauce Bernaise*
– *Zigeuner Art, mit Zwiebeln, Paprika, Bohnen in Butter*
– *mit frischen Champignons und Kräuterbutter*
– *auf lauwarmem Feldsalat in Olivenöl*
– *mit Mais und Kidneybohnen*
– *belegt mit gebratenen Schweinbauchscheiben*

Udo Rommel mit Maultaschen auf dem Teller

Maultaschen »Mediterran«

8 fertige Maultaschen	in eine große Eisenpfanne schichten.
6 Tomaten	über Kreuz einschneiden und kurz in kochendes Wasser geben, dann die Haut abziehen. Die Tomaten würfeln und auf den Maultaschen verteilen. Nun mit
100 g Schinkenwürfel	
100 g Champignonscheiben	
50 g Oliven	
250 g Mozzarella (in Scheiben)	belegen. Mit
50 g Olivenöl	übergießen. Backofen auf 175 °C vorheizen (nach Möglichkeit nur Oberhitze) und dann 30 Minuten backen.

Dazu gibt es frisches Weißbrot und Salate.

Das Untere Schloss in Freiberg (Geisingen)

Maultaschenauflauf mit Erbsen

6 fertige Maultaschen	in Streifen schneiden. Mit
50 g Butter	eine feuerfeste Form ausstreichen und die Maultaschenstreifen einfüllen.
200 g Erbsen	über die Maultaschen geben.
5 Eier	
100 ml Milch	
100 ml Sahne	
1 TL Salz	verquirlen, aufschlagen und über die Maultaschen gießen. Den Backofen auf 175 °C vorheizen. Etwa 35 Minuten backen.

Maultaschen – geröstet mit Shrimps

8 fertige Maultaschen	in Streifen schneiden. In
40 g Butter	krustig anbraten. Mit
200 g Shrimps	auffüllen und einige Male wenden.
8 Eier	
1TL Salz	
1 Prise Peffer	verquirlen und auf die Maultaschen geben. Mit braten, bis alles leicht bräunt.

Obelisk für vier berühmte Ludwigsburger

Maultaschen – gebraten mit Riesengarnelen und Rucolasalat

100 g Rucola	lauwarm waschen, abtropfen lassen und auf 4 Teller verteilen. Mit
4 EL Balsamico	beträufeln.
40 g Butter	in einer Pfanne erhitzen.
8 fertige Maultaschen	hineingeben und beidseitig anbraten, bis sie leicht braun sind. Jetzt
8 Riesengarnelen	dazugeben. 5 Minuten bei leichter Hitze zugedeckt fertig garen. Immer 2 Maultaschen auf den Salat legen und obenauf je eine Garnele setzen. Mit
20 g Kräuterbutter (flüssig)	übergießen.

Kartoffelsalat als Beilage

Hof des (Klein-) Ingersheimer Schlosses und der »Private University«

Maultaschenkönigs Lieblingsgericht

8 fertige Maultaschen (natürlich meine eigenen vom »Rössle«)	in Streifen schneiden. Mit
40 g Kräuterbutter	in einer Eisenpfanne kräftig anbraten. Jetzt
1 Knoblauchzehe	
2 Frühlingszwiebeln	
100 g Schweinebauch (geräuchert)	würfeln und unter die Maultaschenstreifen mischen. Weiter braten und wenden, bis alles eine schöne braune Farbe hat.

Dazu esse ich einen hausgemachten Kartoffelsalat.

Muffelwild im Favorite-Park Ludwigsburg

Großbottwarer Tor in Mundelsheim

Maultaschen mit Bärlauch und Bergkäse

8 fertige Maultaschen	in Salzwasser erwärmen.
1 Bund Bärlauch	waschen und grob zerkleinern.
1 Zwiebel	
1 Knoblauchzehe	klein würfeln. In
20 g Butter	glasig dünsten. 2 warme Maultaschen auf einen Teller geben, mit Bärlauch bestreuen. Zwiebeln und Knoblauch auch darüber geben, dann mit je 50 g von
400 g Bergkäse (gehobelt)	bestreuen. Im Backofen bei 225 °C (Oberhitze) überbacken. Mit den restlichen Maultaschen ebenso verfahren.

Erker des Gasthofes »Zum Hirsch« in Ludwigsburg-Eglosheim

Chili als Tischschmuck

Maultaschenspieß »Wiener Art«

8 fertige Maultaschen	jede in 4 Stücke schneiden und auf
4 Holzspieße	stecken. Mit
100 g Mehl	rundherum bestreuen.
4 Eier	in einer Schüssel verquirlen, dann die Spieße in der Ei-Masse wenden. In
250 g Semmelbrösel	nochmals wenden, die Brösel leicht andrücken.
200 g Butterschmalz	in einer Pfanne erhitzen, die Spieße hineinsetzen und bei mittlerer Hitze goldgelb ausbacken.

Dazu reicht man frische, knackige Salate.

Alter Hauptbau des Ludwigsburger Schlosses (links) mit Pavillion

Der Uhrenturm beim Rathaus in Freiberg am Neckar

Grießbrei

½ l Milch	
100 g Grieß	
100 g Zucker	
20 g Butter	alles zusammen zum Kochen bringen. 2 Minuten leicht kochen lassen, dabei rühren.

Pfannkuchen

½ l Milch	
6 EL Mehl	zu einem Brei rühren. Dazu
8 Eier	
1 EL Zucker	mit unterrühren. In einer Pfanne mit etwas
Öl	ausbacken.

Dazu reicht man einen Obstsalat, Marmelade oder Apfelmus. Original schwäbisch wird das Rezept, wenn man statt Zucker Salz dazugibt und zu den Pfannkuchen Kartoffel- und Endiviensalat reicht.

Blick ins Neckartal: vorne Freiberg, Mitte Pleidelsheim, oben (Klein-) Ingersheim

Kaiserschmarren

125 g Mehl	mit
4 Eigelb	
3 EL Zucker	
¼ l Milch	zu einem Teig verrühren.
4 Eiweiß	steif schlagen und unterheben.
40 g Butter	in einer Pfanne erhitzen. Teig hineingeben und beidseitig gold-braun backen.
50 g Rosinen	untermischen.
	Die Masse mit zwei Gabeln in kleine Stücke zerreißen, unter ständigem Wenden weiterbacken. Auf eine Platte geben und mit
1 TL Staubzucker	bestreuen.

Altneckar bei Freiberg

Gerichts- und Fleischhaus in Heilbronn

Stuttgart – die Landeshauptstadt

Politisches Zentrum des Landes Baden-Württemberg und eine der wirtschaftlich stärksten Regionen Deutschlands. Am 25. April 1952 wurde das Land Baden mit dem Land Württemberg-Hohenzollern zum heutigen Bundesland vereinigt.

Wer kennt nicht Daimler (Mercedes Benz) oder Porsche, die zu den renommiertesten Automarken der Welt zählen. Wir sind stolz auf diese zwei Stuttgarter Vorzeige-Weltfirmen, neben einer ganzen Anzahl anderer hervorragender Unternehmen. Verkörpern sie doch alle Eigenschaften, die man uns Stuttgartern nachsagt. Fleißige, schlaue Tüftler, arbeitsam und bodenständig sind wir, so sagt man jedenfalls über uns. Der wohl berühmteste Stuttgarter mit diesen Eigenschaften war Gottlieb Daimler, der Erfinder des Automobils schlechthin. Er legte von 1880 an den Grundstein zur heutigen Daimler AG.

Suttgarter Schlossplatz mit Stiftskirche im Hintergrund

Landtagsgebäude Stuttgart

Eine unserer anderen hervorragenden Tugenden ist Sparsamkeit. »Es koscht fast nix«, ist ein gern gehörter Kernsatz hier. Mancher missgünstige Mensch bezeichnet uns gar als geizig, heimlich erfüllt uns dieses Gerede aber auch mit Stolz.

Stuttgart, das Herz vom Ländle! Hier leben die Schwaben, wir sprechen schwäbisch, unseren heimatlichen Dialekt, den man sogar schon als eigenständige Sprache bezeichnet hat. Ehrbarkeit und Fleiß, diese Tugenden, die schon das Württemberglied besingt, sind Eigenschaften, die noch heute ihre Bedeutung im Ländle haben. Riefen doch Deutsche Fürsten unserem Grafen »Eberhard im Barte« wegen dieser Tugenden zu: »Ihr seid der Reichste, Euer Land trägt Edelstein!« Dieser Eberhard im Barte wählte nach seiner Erhebung zum Herzog von Württemberg im Jahre 1495, Stuttgart zu seiner Herzogsresidenz. Das von 1553 bis 1578 um- und ausgebaute Renaissanceschloss, das im Wesentlichen das heutige Alte Schloss im Zentrum Stuttgarts darstellt, wurde von nun an Sitz des Herzogs von Württemberg. Ab 1806 war es dann der Sitz des Königs von Württemberg. Ein Königreich, das bis zur Abdankung des allseits beliebten Königs Wilhelm II., bis zum 30. November 1918 andauerte. Mit dem Ende des Ersten Weltkriegs verschwand die Monarchie.

Zur Stadt erhoben wurde Stuttgart bereits 1219 vom Markgrafen von Baden, fiel jedoch schon 1251 als Mitgift an den Grafen von Württemberg. Von nun an sind wir stolze Württemberger.

Der Stadtkern Stuttgarts liegt im sogenannten »Stuttgarter Kessel«, mit dem sich windenden Neckar-Fluss, der durch Außenbezirke der Stadt fließt. Vom 1922 eingeweihten Bahnhof ausgehend, erstreckt sich die Flaniermeile mit Fußgängerzone (Königstraße), vorbei am pulsierenden Schlossplatz entlang dem Wilhelmsbau und endet am Rotbühlplatz. Der gläserne Kubus des Kunstmuseums gegenüber dem Alten Schloss bildet einen Focuspunkt der Innenstadt. Man trifft sich das ganze Jahr über zu einem Drink auf der Kaffeeterrasse am Fuße des Kubus, lehnt sich in bequemen Stühlen zurück und sieht vorüber eilenden Menschen zu. Das alte Bohnenviertel, mit seinen bohemisch duften Kneipen und Bars, seinem Nachtleben, bietet alles, was zu einer Großstadt bei Nacht gehört. Das stadtnahe Erholungsgebiet und der botanisch-zoologische Garten der Wilhelma laden zum Ausflug und zur Entspannung ein. Eine besondere Attraktion ist das Schloss Solitude, dessen Grundsteinlegung 1763 unter Herzog Carl Eugen auf einer der höchsten und schönsten Erhebungen des Landes erfolgte und in direkter Linie mit Blick zum Ludwigsburger Residenzschloss liegt.

Altes Schloss Stuttgart

Man bedenke, Weinberge inmitten einer Großstadt! Wo gibt es das schon? Stuttgart zählt tatsächlich zu den größten Weinanbaugebieten Deutschlands! Natürlich sagt das auch einiges über die Stuttgarter aus, sie lieben ihr »Viertele«, ob rot oder weiß und schätzen die weinselige Gemütlichkeit, die besonders in den Besenwirtschaften zum Ausdruck kommt.

Heute zählt Stuttgart mit mehr als 600 000 Einwohnern zu einer der größten Städte Deutschlands. Es ist eine Stadt mit reichem kulturellen Leben, ausgeprägtem Sinn für alle Arten der bildeten Kunst, einem weltberühmten Ballett, einer Anzahl von Theatern und einer Reihe von hervorragenden Museen, wie Alte und Neue Staatsgalerie, das Landesmuseum Württemberg und Das Haus der Geschichte Baden Württemberg und andere.

Der Stuttgarter Fernsehturm ist rund 216 Meter hoch und weltweit erster Fernsehturm in Stahlbetonbauweise. Die Sportstätten Gottlieb-Daimler Stadion, die Porsche Arena und die Martin-Schleyer-Halle sind neuere Wahrzeichen Stuttgarts.

Natürlich kann der Besucher all das hier geschilderte bei Stadt-, Museums- und Schlossführungen oder auch bei Stadtrundfahrten vertiefen. Etwas Besonderes ist jeden ersten Samstag im Monat die kulinarische Stuttgart Tour mit Drei-Gänge-Menü. Information und Auskunft erhalten Sie gerne von der Touristinformation-Kundenservice.

Stuttgart ist individuell, kulturreich, modern und auf jeden Fall einen Besuch wert. Wir hoffen Sie begrüßen zu dürfen.

J.J. Lohmann

Neues Schloss Stuttgart

Semmelknödel

6 Brötchen (vom Vortag)	in dünne Scheiben schneiden. Mit
2 EL Mehl	bestäuben.
1 EL Petersilie (gehackt)	
1 Prise Salz	
1 Prise Muskat (nach Geschmack)	unterheben,
300 ml Milch (heiß, 70 °C)	dazugeben.
2 Eier	aufschlagen und alles vermengen. Die Masse 15 Minuten ruhen lassen. Mit feuchten Händen zu runden Knödeln abdrehen.
2 l Wasser	mit
1TL Salz	zum Kochen bringen. Knödel hineingeben und bei schwacher Hitze 20 Minuten ziehen lassen.

Stuttgarter Hauptbahnhof

Das Stuttgarter Opernhaus

Bauernbrot

1 kg Brotmehl
700 ml Wasser
20 g Hefe
1 EL Salz

alles zu einem glatten Teig verarbeiten. Etwa 1 Stunde ruhen lassen. Eine Arbeitsfläche mit Mehl bestäuben, den Teig darauf geben und das Brot nach Belieben formen. Auf ein Blech setzen, oben einritzen oder stechen und mit einem Tuch zudecken. Nochmals 15 Minuten ruhen lassen. Den Backofen auf 230 °C vorheizen und dann 70 Minuten backen.

Im Unteren Schlosshof in Freiberg (Geisingen)

Figur am Neuen Brunnen in Heilbronn

Beefsteak Tatar

600 g Rinderhackfleisch	sowie
1 EL Salz	
1 TL Pfeffer	
1 EL Kapern	
2 EL Zwiebeln (gewürfelt)	
4 Sardellen (gewürfelt)	
2 TL Paprika	und
2 Eier	gleichmäßig miteinander vermengen. Zum Schluss mit
1 Bund Schnittlauch (klein, geschnitten)	bestreuen.

Mit Butter und Bauernbrot servieren

Gesalzener Rahmkuchen

250 g Mürbeteig (Rezept siehe Seite 164)	ausrollen, in ein gebuttertes Blech legen. Für den Belag
250 ml saure Sahne	
4 Eigelb	und
1 TL Salz	glatt rühren und auf dem Teig verteilen. Mit
1 EL Schnittlauch (gehackt)	
1 TL Kümmel	und
40 g Butterflöckchen	bestreuen. Bei 200 °C etwa 30 Minuten backen.

Altstadt von Marbach – an der südlichen Mauer

Fleischküchle

800 g Hackfleisch 1 TL Salz 1 EL Paprika 1 TL Curry	sowie
2 Eier	in eine Schüssel, geben und mit dem Rührlöffel gut verrühren. Mit nassen Händen etwa 100 g schwere Fleischküchle formen. In
100 g Butter	braten.
1 Zwiebel	würfeln. Während des letzten Drittels der Bratzeit mit braten. Fleischküchle herausnehmen und die Zwiebelbutter über die Küchle geben.

Mit Kartoffelsalat (Rezept siehe Seite 12) servieren

Am Ludwigsburger Marktplatz

Der »Mardel«, wie die Freiberg-Beihinger geneckt wurden

Hausgemachte Bauernbratwürste

Von Hans Bellinger

500 g Speck	
1½ kg Schweinehals	gleich vom Metzger grob durch den Wolf lassen. Mit
250 g Rinderbrät	vermengen. Mit
1 EL Salz	
1 TL Majoran	
1 TL Pfeffer	würzen, zum Schluss
1 EL Senf	
1 TL Speisewürze	gut unterheben. In Spritzsack füllen und in
10 Meter Naturdarm	füllen. Bei 75 °C etwa 30 Minuten ziehen lassen. Im Kühlschrank 5 Stunden kühlen. Zum Braten in
Milch	wenden und einstechen, beidseitig bei schwacher Hitze gold-gelb braten.

Dazu Salate und Bauernbrot (Rezept siehe Seite 126)

Tulpenblüten

Ludwigsburg

Die 300 Jahre alte schöne, barocke Stadt Ludwigsburg mit ihrer prachtvollen Residenz, der größten barocken Schlossanlage Deutschlands, ist nur eine knappe Tagesreise mit der Kutsche entfernt vom Stuttgarter Schloss, dem ursprünglichen Sitz des Herzogs von Württemberg. Die Entstehung des Schlosses hat im weitesten Sinne auch einen kulinarischen Bezug. War doch die Gegend um den Erlachhof vor mehr als 300 Jahren das beliebteste Jagdrevier von Herzog Eberhard Ludwig. Auf eben diesem Erlachhof wurde die Residenz erbaut.

Die Mätresse des Herzogs und spätere Ehefrau zur Linken, Gräfin Wilhelmine von Grävenitz war die treibende Kraft hinter der Entscheidung, die zum Bau des Schlosses und Gründung der Stadt Ludwigsburg führte.

In Würdigung der Grävenitz bietet die Stadt Ludwigsburg dieser Tage eine Stadtführung im historischen Kostüm an. Auf dieser Führung vom Schloss in die Stadt plaudert die Grävenitz über das Leben bei Hofe, die Sitten, Tafelgewohnheiten und das tägliche Leben aus Ihrer Sicht, dem Jahre 1736. Eine reizvolle Attraktion. Zu buchen durch die Touristinformation, oder den Museumsshop im Schloss, weitere Infos dazu unter www.Grävenitz.de.

Dinners abzuhalten waren wichtige Ereignisse des höfischen Lebens. Die Speisen wurden im Küchenhaus, entfernt vom Palast, mit angrenzenden Fisch- und Vorratshäusern zubereitet. Gekocht wurde nicht im Palast, da man Angst vor Brandgefahr bei offenem Feuer hatte. Die Speisen mussten dann von den Bediensteten mühselig zur Tafel getragen werden.

Je nach Position und Gunst bei Hofe durfte man entweder an der Tafel des Herzogs, an der etwa 30 verschiedene Speisen zu einem Essen gereicht wurden, Platz nehmen. Weniger wichtige Personen wurden an entsprechend weiter entfernten Tischen, an denen nur noch 15 oder noch weiter weg entsprechend weniger Speisen serviert wurden. Dennoch war es eine außergewöhnliche Ehre, mit dem Herzog zu speisen.

Auch Schauessen, bei dem nur der Herzog mit Seinen unmittelbaren Gästen dinierte und die Hofgesellschaft zuschauen durfte, gehörten ebenso zum höfischen Leben.

Herzog Eberhard, der Stadtgründer von Ludwigsburg

Bei Hofe wurde »à la Francaise«, nach der Versailler Hofetikette serviert, nämlich alle Speisen, bei Galaessen bis zu 60 verschiedene Gerichte, wurden auf einmal aufgetragen!

Die beiden herausragenden Sehenswürdigkeiten Ludwigsburgs sind das Barocke Schloss mit seinen 405 prachtvoll möblierten Räumen und die Gärten des Blühenden Barocks mit seinen wechselnden Veranstaltungen, geöffnet von Ende März bis Anfang November. Schloss- und Kostümführungen werden ganzjährig angeboten.

Heute ist Ludwigsburg eine lebendige Kreisstadt von über 80 000 Einwohnern, die meist sehr verwurzelt mit Ihrer schönen Stadt sind. Hier herrscht Geschäftigkeit, Industrie und Bildung. Vor allem die Filmakademie ist einmalig in Deutschland und zählt weltweit zum Besten der Filmindustrie.

Südansicht des Residenzschlosses Ludwigsburg

Löwe auf der Treppe des Monrepos-Schlosses

Noch immer schätzt man die barocke Gelassenheit, den Frohsinn und Lebenslust vergangener Zeit. Ein Sommerabend am räumlich weiten Markplatz vermittelt fast südländisches Flair.

Die Vielzahl von Cafés und Restaurants unterschiedlicher internationaler Ambiente zeugen von der kulturellen Vielfalt und Harmonie, die heute Ludwigsburg auszeichnen. Neben der schwäbischen Küche mit ihren Maultaschen, Kässpätzle, Zwiebelrostbraten und dem schwäbischen Wurstsalat kann man auch Spezialitäten der italienischen, irischen, chilenischen und französischen Küche am Marktplatz genießen.

Wer einmal hier gelebt hat, also ein Residenzstädtler war, wird sich immer unserer besonderen Stadt verbunden fühlen. Es ist eine Lust hier zu leben!

J.J. Lohmann

Seeseite des Schlosses Monrepos

Brunnenkunst vor dem Ludwigsburger Forum

Leberkäse mit Kartoffelsalat

1 kg Leberkäsbrät	in eine Aluform geben. Thermometer in die Mitte des Bräts stecken und im Backofen bei 175 °C backen bis die Kerntemperatur 80 °C erreicht hat.

Dazu reiche ich Kartoffelsalat (Rezept siehe Seite 12), Senf und Bauernbrot (Rezept siehe Seite 126).

Strammer Max

4 Scheiben Bauernbrot	mit
50 g Butter	bestreichen. Auf jede Scheibe 2 von
8 Scheiben Kochschinken	legen und
8 Eier	in der Pfanne braten. Die gebratenen Eier auf die belegten Brote geben.

Neckar bei Ludwigsburg-Hoheneck mit Frachtkahn

Schloss Favorite in Ludwigsburg

Biernudeln

500 g Mehl	sowie
1 Msp. Kümmel (gehackt)	
1 TL Zucker	
1 Ei	
1 TL Salz	und
200 ml Bier	kräftig miteinander verkneten. In Frischhaltefolie einpacken und 2 Stunden im Kühlschrank ruhen lassen. Mit
1 EL Mehl	eine Arbeitsfläche bestreuen. Den Teig in kleine, nussgroße Stücke schneiden, mit der Hand dünn zu Nudeln ausrollen.
3 l Wasser	mit
1 EL Salz	zum Kochen bringen, die Nudeln hineingeben und so lange kochen, bis sie oben schwimmen.
80 g Butter	in einer Pfanne mit
2 EL Semmelbrösel	bräunen. Die Nudeln dazugeben und kurz anschwenken.

Neptun beim Heilbad Ludwigsburg-Hoheneck

Crêpes Suzettes

Der Teig

125 g Mehl	mit
4 Eier	
1 EL Zucker	
⅛ l Milch	und
1 EL Rum	zu einem Teig verarbeiten. Mit
50 g Butter	daraus kleine Pfannkuchen backen.

Die Sauce

100 g Butter	schmelzen und mit
2 EL Zucker	schaumig rühren. Mit dem Saft von
1 Orange	ablöschen.
3 cl Grand Manier	dazugeben. Pfannkuchen hineinlegen, mit
1 TL Staubzucker	bestreuen.

Gebackene Petersilie

2 Bund Petersilie	waschen, dicke Stängelteile entfernen und trocken tupfen. In
½ l Öl	bei 180 °C etwa 1 Minute kross backen. Sofort mit dem Schaumlöffel herausnehmen, nach Wunsch leicht salzen, anrichten.

Nikolauskirche in Mundelsheim

Das Geheimnis des Lauffener Katzenbeißers
… oder wie kommt der Wein zu seinem Namen?

Seit vielen Jahrhunderten ist der Lauffener Wein für seine herausragende Qualität berühmt. Der Grund dafür ist die bevorzugte Lage an der sonnendurchglühten Neckarschleife verbunden mit den warmen, hitzespeichernden Muschelkalk- und Keuperböden.
Wer sich diesen Wein in der Frühzeit leisten konnte, musste etwas tiefer in die Tasche greifen, riss oder »biss« also ein größeres Loch in die Geldkatze (Vorläufer des heute geläufigen Geldbeutels).
Immer häufiger wurde nun der Lauffener Wein als »Katzenbeißer« bezeichnet. Im Laufe der Zeit manifestierte sich die Bezeichnung »Lauffener Katzenbeißer« und steht als Synonym für die größte und bekannteste Einzellage des Weinbaugebiets Württemberg.

Stadt Lauffen

Weinerlebnisführung in den Lauffener Weinbergen

Alte Kelter in Lauffen

Quittengelee

2 kg Quitten	mit Schale und Kernhaus grob schnitzeln. Dann mit Wasser bedeckt 15 Minuten kochen. Dazu
500 g Äpfel (grün)	würfeln und weitere 20 Minuten kochen. Die Masse durch ein Sieb geben. Mit
2½ kg Gelierzucker	
1 TL Zitronensaft	und
1 Pck. Vanillezucker	aufkochen. In Gläser abfüllen.

Pro Liter Saft nimmt man 1 kg Gelierzucker und ein Päckchen Vanillezucker.

Kiwi-Melonen-Marmelade

300 g Kiwi	sowie
700 g Netzmelone	schälen und würfeln. Mit
1 kg Gelierzucker	
3 cl Asbach	
1 TL Zitronensaft	
2 cl Grand Marnier	im Topf erhitzen und 5 Minuten kochen lassen. Vom Herd nehmen, sofort in Marmeladengläser füllen und verschließen.

Skulpturen am Brunnen in Geisingen

Gebackene Schnitten

4 Brötchen (vom Vortag)	in 1 cm dicke Scheiben schneiden. In Pfannkuchenteig (siehe Rezept Seite 120) wenden. Mit
100 g Butter	in einer Pfanne goldgelb ausbacken.

Dazu passt Obstsalat oder Apfelmus

Gefüllte Tomaten mit Frischkäse

8 Tomaten	waschen, abtrocknen und oben eine Scheibe abschneiden. Die Tomaten aushöhlen, das Abgeschnittene klein würfeln und mit
400 g Frischkäse (nach Wahl)	vermengen.
1 Bund Schnittlauch	klein schneiden und mit unterheben. Die Masse in die ausgehöhlten Tomaten geben. Mit
4 Eier (hart gekocht)	und
4 Scheiben Bauernbrot (Rezept siehe Seite 126)	anrichten.

Zehender-Haus am Markt in Heilbronn

Ochsenschwanzragout

1 Ochsenschwanz	vom Metzger in Stücke schneiden lassen. Mit
1 EL Salz	
1 TL Pfeffer	
1 TL Paprika	würzen und in einem Topf in
100 g Butterschmalz	kräftig anbraten, bis es eine schöne Farbe hat, dann
1 Zwiebel (gehackt)	mit braten. Nach 3 Minuten
3 EL Tomatenmark	dazugeben, 10 Minuten weiter rösten. Mit
1 l Wasser	auffüllen, durchrühren und zugedeckt 50 Minuten leicht kochen lassen. Nach Wunsch abbinden.

Beilage: Kartoffeln und Gemüse oder Spätzle *(Rezepte siehe Seite 110)*

Im Neckartal – oben zu sehen ist (Klein-) Ingersheim

Grabentor in Marbach

Das frühe Besigheim

Urkundlich erstmals erwähnt ist Besigheim im Jahr 1153, als die Äbtissin Bertha aus dem Kloster Erstein im Elsass die »curtis Basincheim« dem Markgrafen Hermann von Baden überlässt. Dem Staufer Friedrich kommt die Schenkung an seinen badischen Verwandten entgegen, lag doch Besigheim strategisch günstig auf dem schmalen Bergsporn zwischen Neckar und Enz.

Stadtkirche Besigheim

Um 1220 erhält Besigheim das Stadt- und Marktrecht und wird nach und nach zu einer wehrhaft befestigten Stadt ausgebaut. Es entstehen an der Neckarseite das Obere Schloss und am heutigen Kelterplatz das Untere Schloss, in denen die Vögte residieren. Die Stadtkirche wird zwischen 1383 und 1448 erbaut und dem Heiligen Cyriakus geweiht. Schmuckstück darin ist der 1520 geschnitzte Hochaltar, dem Meister von Urach zugeschrieben. Im ab 1459 erbauten Kaufhaus, dem heutigen Rathaus, bieten Händler ihre Waren an. Die schon vor 1436 nachgewiesene Badstube bezeugt städtisches Leben und das hohe Niveau der mittelalterlichen Badekultur. Reste dieser mittelalterlichen Stadtanlage kann man noch heute im Waldhornturm, dem »Schochenturm« mit dem oberen Tor und Steinhaus, dem »Bügelestor« und der alten Stadtmauer »Auf der Mauer« erkennen.

Fast 300 Jahre dauert die ungebrochene Herrschaft der Badener. Dann wird die Stadt immer wieder zum Zankapfel zwischen konkurrierenden Herrschaftshäusern. Mal beanspruchen sie die Pfälzer, mal die Württemberger, mal die Österreicher und dann wieder die Badener, bis die Badener im Jahre 1595 Stadt und Amt Besigheim als letzte Bastion in dem sonst württembergischen Gebiet den Württembergern verkaufen.

Die ersten Jahrzehnte unter württembergischer Herrschaft stehen unter keinem guten Stern: Sie beginnen mit Krieg, Hunger und Krankheit. Der Dreißigjährige Krieg (1618 bis 1848) hinterlässt schwere Wunden: 515 Menschen rafft der Schwarze Tod, die Pest dahin, ein Viertel der Gebäude sind zerstört. Zeit für eine wirtschaftliche Erholung bleibt wenig, da gerät Besigheim erneut in kriegerische Konflikte. Im Pfälzischen Erbfolgekrieg zerstören französische Truppen 1693 das Untere Schloss, vernichten einen Teil der städtischen Bücher, plündern und brandschatzen.

Im 18. Jahrhundert herrscht endlich für längere Zeit Ruhe und Frieden. Landwirtschaft und Handwerk erholen sich. Und am Ende dieses friedlichen Jahrhunderts ist mit über 1500 Einwohnern wieder der alte Bevölkerungsstand erreicht.

Brigitte Popper (M.A.)

Das Besigheimer Rathaus

Schokoladenauflauf

75 g Butter	und
75 g Mehl	mischen.
350 ml Milch	leicht aufkochen und die Butter-Mehl-Mischung darin glatt rühren. In ein kaltes Gefäß umfüllen. Dann
6 Eigelb	
6 Eiweiß (steif geschlagen)	
100 g Zucker	
100 g Schokolade	unterheben. Förmchen mit
20 g Butter	ausstreichen mit
20 g Zucker	ausstreuen und zu drei Vierteln füllen, bei 175 °C etwa 25 Minuten ausbacken.

Mundelsheim am Neckar

Die Stadtkirche Sankt Dionys in Esslingen am Neckar

Shrimpscocktail auf Blattsalat

3 EL Mayonnaise	
1 EL Ketchup	miteinander verrühren.
2 Scheiben Ananas	würfeln,
200 g Shrimps (gekocht)	dazugeben und vorsichtig unterheben. Mit
Salz	und
Worcestersauce	abschmecken. Den Cocktail auf
4 Salatblätter	anrichten.

Meine Empfehlung dazu: trockener Weißwein und Weißbrot

Zitronengelee

2 Zitronen	auspressen. Den Saft mit
3/8 l Wasser	und
1 kg Gelierzucker	sowie
2 cl Asbach	zum Kochen bringen. Unter Rühren 4 Minuten kochen lassen. In Gläser abfüllen.

Buschwindröschen

Andalusische Sauce

2 Tomaten	Tomatenhaut über kreuz einritzen und 30 Sekunden ins kochende Wasser geben. Haut abziehen und aushöhlen. Fruchtfleisch mit
2 EL Tomatenmark	pürieren. Mit
200 g Mayonnaise	und
1 EL Paprika (rot, gewürfelt)	vermengen.

Schmeckt besonders zu Eiern und Schlachtfleisch

Cocktailsauce

⅛ l Sahne	leicht aufschlagen, mit
125 g Mayonnaise	gut verrühren. Dann
4 EL Tomatenketchup	
1 TL Worcestersauce	
1 TL Zitronensaft	
1 TL Salz	
1 EL Zucker	und
4 cl Portwein (nach Wunsch)	nach und nach mit unterheben.

Giebel mit Schild des Benninger Heimatmuseums

Balsamico-Olivenöl-Dressing

Von Florian Rommel

250 g Balsamico	mit
350 g Olivenöl	
400 g Pflanzenöl	
400 g Gemüsebrühe	
1 EL Salz	
1 EL Zucker	
1 EL Senf	
1 Knoblauchzehe (in Scheiben)	
1 EL Honig	sowie
1 TL Thymian	in ein Gefäß geben und mixen. Über Nacht im Kühlschrank ziehen lassen. Durch ein Sieb geben und in Flaschen abfüllen.

Schillerstatue vor dem Schiller-Nationalmuseum in Marbach am Neckar

Besigheim im 19. Jahrhundert und heute

Gut gerüstet geht Besigheim in das 19. Jahrhundert, das den Wandel von der feudalen Gesellschaft zur Bürgergesellschaft vollzieht. Es herrscht Aufbruchstimmung. Als sichtbares Zeichen der neuen Zeit schleift die neue Oberamtsstadt einen Großteil seiner mittelalterlichen Stadtbefestigung, neue Baugebiete wie die Bahnhofvorstadt werden erschlossen. 1810 war Besigheim Oberamtstadt geworden; seit 1938 gehört die Stadt zum Landkreis Ludwigsburg. 1848 erlebt sie durch die Eisenbahnstation an der wichtigen Nord-Süd-Verbindung Anschluss an die neue Zeit der Industrialisierung. Menschen und Waren können schneller transportiert werden, anstelle der alten Mühlen an Neckar und Enz entstehen die ersten Industriebetriebe.

Um 1900 entdecken Malerinnen und Maler die Beschaulichkeit Besigheims. Seine spektakuläre Lage auf einem Bergsporn, umschlossen von Neckar und Enz, bietet reizvolle Motive, die noch heute in vielen Gemälden, Grafiken und Fotografien ihren Ausdruck finden.

Eine große Baumaßnahme, die das Erscheinungsbild nachhaltig verändert, ist in den 1950er Jahren der Ausbau des Neckars zu einer Schifffahrtsstraße. Der sogenannte »kleine Neckar« im Osten und der Mühlkanal im Norden, direkt an der Stadtmauer, werden trockengelegt. So entsteht das Baugebiet »Auf dem Kies« mit neuen Flächen für Industrieansiedlungen, den Bau von Sport-, Freizeitstätten und von Schulen.

Nach den Schrecken des Zweiten Weltkrieges – über 300 Besigheimer Bürger hatten ihr Leben verloren, sämtliche Brücken über Neckar und Enz waren gesprengt worden – bemüht sich die Stadt um Verständigung mit den Nachbarn. 1966 schließt sie mit der französischen Stadt Ay den ersten Partnerschaftsvertrag. 1979 folgt die englische Stadt Newton Abbot und 1992 Bátaszék in Ungarn.

Durch den Zuzug von Heimatvertriebenen war die Bevölkerungszahl und der Anteil der Katholiken in dem überwiegend evangelischen Besigheim gewachsen. Im Jahre 1971 entscheidet sich die Gemeinde Ottmarsheim mit ihren damals 800 Einwohnern für die Eingemeindung. Heute zählt die Stadt über 11 000 Einwohner.

Schildhalter auf dem Marktplatzbrunnen

Der Weinbau war schon seit Jahrhunderten ein wichtiger Erwerbszweig. Weitläufige Weinberge an den Hängen von Neckar und Enz sowie die große, im Jahre 1989 zur Stadthalle umgebaute Kelter zeugen von der langen und noch lebendigen Tradition. Zum Wohle des Weinbaus und zur Belebung des Fremdenverkehrs feiern die Besigheimer seit 1950 alle zwei Jahre im September das Winzerfest mit Umzug, Festprogramm und Kellerschenken.

Heute zeigt sich Besigheim als ein lebendiges Städtchen mit allen wichtigen Schulen am Ort, mit Gewerbe und Industrie und einem regen Vereinsleben. 1991 war die vielbefahrene B27 an den östlichen Rand der Stadt verlegt worden, zwei Jahre später, 1993, die Altstadt als Ensemble unter Denkmalschutz gestellt. Seitdem entdecken immer mehr Touristen die Ruhe und den Charme dieses alten schwäbischen Städtchens zwischen Fachwerk und Wein.

Brigitte Popper (M.A.)

Dreigiebelhäuser am Besigheimer Marktplatz

Kelter – Giebelseite

Béchamelsauce

40 g Zwiebeln (gewürfelt)	in
70 g Butter	andünsten, aber nicht braun werden lassen. Dann
80 g Mehl	darauf streuen und einige Minuten unter Rühren schwitzen lassen. Die erkaltete Schwitze mit
1,2 l Milch (kochend)	auffüllen und glatt rühren. 10 Minuten unter ständigem Rühren leicht kochen lassen. Mit
1 TL Salz	und
1 Prise Muskat	abschmecken.

Die Sauce lässt sich mit Sahne und Butter-Rahmsauce verfeinern.

Amanduskirche und Altes Rathaus Freiberg (Beihingen)

Remsecker Rathaus

Remouladensauce

200 g Mayonnaise	mit
1 EL Senf	verrühren. Dann
1 Essiggurke	
10 Kapern	
1 Sardelle	
1 Bund Petersilie	
1 TL Kerbel	sowie
1 TL Estragon	klein hacken und unterheben.

Geeignet zu gebackenem Fisch, kaltem Braten und kalten Eiern

Sauce Hollandaise

8 EL Wasser	
3 EL Essig	und
1 Schalotte (halbiert)	mit
1 Prise Salz	auf zwei Drittel der Menge einkochen lassen.
	Eine Kasserolle ins Wasserbad stellen.
3 Eigelb	zugeben.
150 g Butter	schmelzen und vorsichtig unterrühren. Alles schlagen, bis die Sauce cremig ist. Zum Schluss
1 TL Zitronensaft	einträpfeln.

Altneckar mit Wasserspiegelung

Kräutersauce

300 g Mayonnaise	in eine Schüssel geben.
1 EL Schnittlauch	
1 EL Petersilie	
1 TL Kerbel	
1 TL Estragon	und
1 TL Dill	klein hacken und unter die Mayonnaise rühren. Mit
Salz	abschmecken.

Meerrettichsauce

125 g Butter	in einem Topf zergehen lassen. Mit
4 EL Mehl	auffüllen, hell anschwitzen.
½ l Wasser	
200 ml Milch	dazugeben und aufkochen.
3 EL Meerrettich	dazugeben, 5 Minuten köcheln lassen. Den Herd abschalten und
100 ml Sahne	hinzufügen. Mit
Salz, Pfeffer	abschmecken.

Kastanienblüte im Favorite-Park

Der schwimmende Kirbekuchen

Breit und behäbig floss der Neckar einst an Aldingen vorüber, ehe er 1938 in eine Beton-Rinne gezwängt und durch Dämme gebändigt wurde. Davor war sein Wasser oft so seicht, dass waghalsige Fuhrknechte ihn mit Pferd und Wagen durchquerten, um den Fährlohn zu sparen. Mitunter aber konnte der friedliche Fluss jäh zum ungebärdigen Gesellen werden und alle Straßen und Häuser unter Wasser setzen, die ihm zu nahe kamen. Hochwassermarken bezeichnen bis heute jene Launen des Neckars. An oberster Stelle ist die Jahreszahl 1824 eingegraben: Damals stieg der Pegel um 5,63 Meter, ein volles Dutzend Häuser riss die Flut mit sich fort.

Es war um die Zeit des Herbstens. So unaufhörlich regnete es, dass der Wein in den Geschirren verwässerte. Das Vieh war in Sicherheit gebracht, Hab und Gut aus den Kellern schaffte man hinauf in die Scheunen. Doch umsonst, das Wasser schwoll an wie noch nie seit Menschengedenken. Ein weiteres Flüchten war unmöglich, tatenlos mussten die Aldinger zusehen, wie ihr schöner Erntesegen zum Verderben fiel. Das Korn war nicht einmal mehr als Viehfutter zu gebrauchen, die Angersen (Runkelrüben) faulten, Erdbirnen wurden weich und süß. Ein Hungerwinter begann und die Schwindsucht hatte leichtes Spiel in den feuchten, ausdünstenden Häusern.

Einer aber wollte besonders schlau sein: der Fährmann. Sein niedriges Häuschen stand gleich hinter dem heutigen Gasthaus »Schiff«, damals noch hart am Ufer des Neckars, wo auch der Nachen zum Übersetzen festgemacht war. Die Kuchen zum bevorstehenden Kirchweihfest waren schon gebacken und unter Dach und Fach gebracht, ganz nach oben nämlich, in den »Katzenlauf«. Binnen weniger Stunden aber schaute nur mehr der First des Schifferhauses aus den Fluten heraus. Und siehe da: Auf einmal kam zum offenen Bühnenladen ein Kirbekuchen herausgeschwommen, dahinter noch einer und noch einer. Alle Mühe war umsonst gewesen: die Aldinger Kirbe fiel 1824 ins Wasser.

Eduard Theiner

Ludwigsburger katholische Kirche »Zur Heiligen Dreifaltigkeit«

Haselnusscreme

6 Blatt Gelatine	in kaltem Wasser einweichen.
¼ l Milch	mit dem ausgekratzten Mark von
1 Vanilleschote	zum Kochen bringen.
4 Eigelb	zusammen mit
1 Pck. Vanillezucker	verrühren, mit der heißen Milch unter Rühren aufgießen.
+ 60 g. Zucker	Die ausgedrückte Gelatine zugeben. Zuletzt
150 g Haselnüsse (gemahlen)	unterheben. Abkühlen lassen. Mit
¼ l Sahne (geschlagen)	vermengen, 2 Stunden im Kühlschrank kalt stellen.

Mit Sahne und Haselnüssen servieren

Fachwerkhäuser in der Marktstraße von Marbach

Flattichdenkmal in Freiberg (Beihingen)

Birne Helene

4 große Kugeln Vanilleeis	in 4 Glasschalen geben. Mit
4 Birnenhälften	bedecken.
200 g Schokolade	zum Zerlaufen bringen und über die Birnen geben. Mit
⅛ l Sahne (geschlagen)	dekorieren.

Unter die Schokolade kann Asbach oder Grand Marnier gemischt werden.

Ausstecherle

500 g Mehl	mit
250 g Margarine	
250 g Zucker	
3 Eier	und etwas
Zitronenschale (gehackt)	mischen und einen Knetteig herstellen. Nach Belieben ausstechen und auf ein gebuttertes Blech setzen. Bei 160 °C im Backofen 12 Minuten ausbacken.

Rosenblüte

Haselnussmaronen

6 Eiweiß	steif schlagen.
500 g Puderzucker	
500 g Haselnüsse (geraspelt)	und
1 TL Vanillezucker	unterheben. In eine Spritztülle füllen und auf ein mit Backpapier belegtes Blech spritzen. Bei 180 °C etwa 20 Minuten backen.

Hefeteig

500 g Mehl	in eine Schüssel sieben, eine Mulde bilden.
40 g Hefe	hinein bröckeln, mit
200 g Milch (lauwarm)	aufgießen und gehen lassen.
100 g Fett	
1 Ei	und
1 TL Salz	dazugeben und kneten, bis der Teig Blasen wirft, nochmals 20 Minuten ruhen lassen und leicht durchkneten.

Christopheros bei der Kilianskirche in Heilbronn

Hefezopf

500 g Mehl	
40 g Hefe	
200 ml Milch (leicht warm)	
70 g Zucker	
70 g Margarine	und
1 TL Salz	zusammen in eine Schüssel geben. Die Zutaten zu einem Teig verkneten und mit einem Tuch zugedeckt 15 Minuten ruhen lassen. Noch weitere dreimal kneten und ruhen lassen. Aus dem Teig Stränge formen und zu einem Zopf flechten. Mit
1 Eigelb	bestreichen. Nochmals 20 Minuten ruhen lassen, dann bei 175 °C etwa 30 Minuten backen.

Typisches Landschaftsbild mit (Groß-) Ingersheim in der Bildmitte

Schochenturm in Besigheim

Wein- und Hölderlinstadt Lauffen am Neckar

Der Geburtsort des Dichters Friedrich Hölderlin liegt malerisch umrahmt von Weinbergen und sanften Hügeln inmitten des Neckartals. Die sonnenverwöhnte Schwarzriesling-Gemeinde steht mit der bekannten Lage Katzenbeißer für exzellente Weine und einen malerischen historischen Stadtkern mit den Wahrzeichen Regiswindiskirche und Neckarburg.

Im salierzeitlichen Wohnturm der Burg Lauffen kann man in einem kleinen Burgmuseum das 11. Jahrhundert live erleben: Mahlen Sie Ihr Mehl selbst, spielen Sie Graf Poppo und erfahren Sie mehr über die bedeutenden Grafen von Lauffen. Zeugnisse einer reichen Vergangenheit geben zudem das alte und neue Heilbronner Tor, das Erkerhaus, die Alte Ölmühle und die Alte Neckarbrücke.

Eine fantastische Aussicht auf die Neckarlandschaft genießt man von einem ausgegrabenen römischen Gutshof aus, der sich oberhalb des Flusses in den Weinbergen zwischen Lauffen und der Nachbargemeinde Neckarwestheim befindet.

Die attraktive Stadt am Neckarufer lockt mit exzellenten Weinen, Kultur und Geschichte.

Das Erkerhaus in Lauffen

Friedrich Hölderlin, dem berühmtesten Sohn der Stadt, ist eine jüngst neu gestaltete und international beachtete Ausstellung im Hölderlinzimmer des Museums im Klosterhof gewidmet, die als innovativ und vorbildlich in Bezug auf die Vermittlung von Literatur gilt. Auf nur 25 Quadratmetern erhält man einen Einblick in Werk, Leben und Wirken des 1770 in Lauffen a. N. geborenen Dichters und Philosophen. Aktive Elemente fordern zum »Selber-Erkunden« auf und die Ästhetik des sogenannten »Hölderlinzimmers« ist von bemerkenswerter Schönheit.

Ein Kunstwerk des bekannten Bildhauers Peter Lenk an einem der verkehrsreichsten Plätze der Stadt, einem Kreisverkehr, zeigt ebenfalls auf beeindruckende Weise diesen großen Dichter mit weiteren Figuren aus seiner Zeit und seinem Leben.

Für Aktivurlauber ist die lebendige Neckarstadt nicht nur der ideale Ausgangspunkt für Kanutouren durch die wunderschöne Flusslandschaft oder Fahrten mit den Ausflugsschiffen entlang alter Steillagen und knorriger Weinstöcke, sondern auch für Rad- und Wandertouren ins rebenreiche Zabergäu mit dem Naturpark Stromberg-Heuchelberg vor der Haustür. In die erfrischenden Fluten stürzen kann

Die Lauffener Rathausburg auf der Vogelinsel

Altes Heilbronner Tor

man sich mit Blick auf den Neckar in dem modernen und wunderschön gelegenen Freibad Ulrichsheide.

Ein unvergessliches Erlebnis ist Lauffen a. N. schließlich für Weinliebhaber. Bei einer Weinprobe und Kellereiführung, bei einem der stimmungsvollen Weinfeste oder in der ausgezeichneten Lauffener Gastronomie lernen Sie die köstlichen Weine der Lauffener Weingärtnergenossenschaft und der Selbstvermarkter kennen und lieben. Eine besonders gute Art und Weise, Lauffens »Spitzenprodukten« zu begegnen, ist der geführte Lyrische Weinspaziergang durch die Lauffener Weinberge mit Texten von Hölderlin bis Robert Gernhardt und mit einer Kostprobe der besten Lauffener Tropfen. Oder Sie entdecken das Geheimnis des Lauffener Katzenbeißers bei einer anderen Weinerlebnisführung mit einer unserer zertifizierten Weinerlebnisführerinnen Buchung sind über das Bürgerbüro möglich.

Bettina Keßler, Stadt Lauffen a. N.

Einen Blick in den Kopf des Dichters Friedrich Hölderlin ermöglicht die international renommierte Ausstellung im Hölderlinzimmer.

Hölderlin im Kreisverkehr

Karamell-Creme

100 g Zucker	karamellisieren. Mit
100 ml Wasser	ablöschen und auf zwei Drittel der Flüssigkeit einkochen lassen. In kleine Förmchen gießen.
½ l Milch	und
1 EL Speisestärke	in einer Schüssel glatt rühren, danach
4 Eier	
1 TL Zitronensaft	sowie
3 EL Zucker	unterheben. In die Förmchen zu der Karamellsauce gießen. Eine mit Wasser gefüllte Pfanne in den Backofen stellen und den Ofen auf 200 °C vorheizen. Die Förmchen in die Pfanne stellen und etwa 60 Minuten stocken lassen. Danach im Kühlschrank abkühlen lassen.

Vor dem Servieren auf Glasteller stürzen

Kokosflocken

8 Eiweiß	steif schlagen.
500 g Zucker	
500 g Kokosflocken	
1 EL Zitronensaft	vorsichtig unterheben. Mit einem Löffel auf ein mit Backpapier belegtes Blech geben. Bei 170 °C etwa 15 Minuten backen.

Osterglockenblüte

Käsekuchen

250 g Mürbeteig (Rezept siehe Seite 164)	nach Anweisung zubereiten. Mit
1 EL Mehl	ausrollen und in ein mit
10 g Butter	bestrichenes Blech legen. Für die Käsemasse
6 Eigelb	und
250 g Zucker	schaumig rühren, dann
750 g Quark (20% Fett)	
⅛ l Sauerrahm	
1 Prise Salz	dazugeben.
1 EL Zitronensaft	
50 g Speisestärke	
80 g Rosinen	
100 g Butter (zerlassen)	einrühren. Zum Schluss
6 Eiweiß	steif schlagen und unterheben. Die Masse auf den Teig geben und bei 200 °C etwa 45 Minuten backen.

Weihnachtsstimmung auf dem Marktplatz von Freiberg am Neckar

Apfelkuchen

250 g Mürbeteig (Rezept siehe Seite 164)	nach Anweisung zubereiten. Mit
1 EL Mehl	ausrollen. Ein Kuchenblech mit
10 g Butter	ausstreichen. Den Teig in das Blech legen. Den überstehenden Teigrand abschneiden.
1 kg Äpfel	in Spalten schneiden und den Teig damit belegen.

Die Streusel

150 g Zucker	zusammen mit
150 g Fett (kalt)	
250 g Mehl	
1 TL abgeriebene Zitronenschale	in einer Schüssel locker verkneten. Auf den Äpfeln verteilen. Bei 175 °C etwa 35 Minuten backen.

Zwetschgenkuchen

250 g Mürbeteig (Rezept siehe Seite 164)	nach Anweisung zubereiten. Mit
1 EL Mehl	ausrollen. Ein Blech mit
10 g Butter	ausstreichen. Den Teig auf das Blech legen.
3 EL Semmelbrösel	auf dem Teigboden verteilen. Mit
1 kg Zwetschgen (entsteint und halbiert)	belegen (die Hälften sollen aufrecht stehen). Mit
Streusel (Rezept siehe Seite 161)	bestreuen. 30 Minuten bei 175 °C backen.

Altes Schloss und Meiereigebäude in Beihingen

Die Regiswindislegende

Wie die Legende berichtet, war Regiswindis das Kind des Grafen Ernst vom Nordgau bei Bamberg und seiner Frau Fridburga. Das Kind wurde 832 geboren und lebte mit seinen Eltern auf dem Königshof in Lauffen. Als Regiswindis sieben Jahre alt war, wurde sie von ihrer Amme erdrosselt und in den vorbeifließenden Neckar geworfen. Die Amme wollte sich auf diese Weise an dem Grafen rächen, der ihren Bruder wegen einer Nachlässigkeit beim Pferdehüten bestraft hatte. Die Legende erzählt, dass das Kind wunderbarerweise im Wasser nicht untergegangen und auch nicht von der Strömung abgetrieben worden sei. Nach drei Tagen wurde es noch ganz unversehrt gefunden, die Wangen rot und die Arme kreuzweise übereinandergeschlagen. Mit viel Gepränge und großer Anteilnahme

Die Regiswindiskirche in Lauffen a. N.

Steg von der Insel zur Altstadt Lauffens

Steinsarkophag in der sogenannten »Regiswindiskapelle« in Lauffen a. N.

der Bevölkerung begrub man Regiswindis zunächst auf dem Gottesacker bei der Martinskirche, die die Vorgängerin der heutigen Regiswindiskirche war.

Später ließ Bischof Humbert von Würzburg (832 bis 841) eine neue Kirche errichten und setzte Regiswindis in Gegenwart vieler Priester und zahlreicher Gläubigen in dieser Kirche bei. Das Volk verehrte Regiswindis bald als Heilige. Für den mittelalterlichen Menschen lag die Bedeutung der Regiswindislegende vor allem in der Tatsache, dass Regiswindis keinerlei Spuren der Verwesung zeigte. Er sah darin ein wunderbares Hereinragen der göttlichen Welt in unser irdisches Dasein und verehrte Regiswindis als eine Heilige und Märtyrerin, die von Gott mit Unsterblichkeit begabt war. Viele Menschen von heute werden dem Mittelalter darin nicht folgen können, da das frische Aussehen des toten Kindes auf natürliche Weise erklärt werden kann.

Regiswindis wird im Martyrologium Romanum nicht erwähnt, wurde also vom Papst nicht kanonisiert. Sie ist den frühchristlichen, deutschen Ortsheiligen zuzuordnen wie beispielsweise auch der Heilige Walterich in Murrhardt. Trotzdem ist nicht ausgeschlossen, dass Regiswindis von einem Bischof von Würzburg im Jahre 1227 oder auch schon früher heiliggesprochen wurde, weil im frühen Mittelalter das Recht der Heiligsprechung noch nicht auf den Papst beschränkt war. Schon um 860 wurde Regiswindis in einem Verzeichnis des Klosters Reichenau als Märtyrerin und Jungfrau genannt. Im Volk lebte das Andenken der Heiligen noch lange weiter.

Der Silberschrein mit den Gebeinen der Regiswindis wurde einige Jahre nach Einführung der Reformation von der Kirchenleitung konfisziert und ist seither verschwunden.

Bettina Keßler, Stadt Lauffen a. N.

Alte Weinstube »Sonne«

Streuselkuchen

250 g Mürbeteig (Rezept siehe Seite 164)	nach Anweisung zubereiten. Mit
1 EL Mehl	ausrollen. Ein Backblech mit
10 g Butter	ausstreichen und den Teig auf das Blech legen. Mit
Wasser	bestreichen. Für die Streusel
500 g Mehl	
300 g Fett (kalt)	
300 g Zucker	und
1 Pck. Vanillezucker	vermengen. Auf dem Teigboden zerbröseln. 30 Minuten bei 175 °C backen.

Mürbeteig

300 g Mehl	auf eine Tischplatte geben. In der Mitte eine Mulde bilden.
1 Ei	
100 g Zucker	hineingeben und mit Mehl vermengen.
200 g Fett	dazugeben. Nach Geschmack mit
Zitrone	und
Vanille	verfeinern. Alles gründlich vermischen (nicht kneten, am besten mit einem Messer von außen nach innen hacken). 1 Stunde kalt stellen.

Ein Wiesenstrauß

Schokoladenmousse

500 g Blockschokolade	Einen Topf auf dem Herd mit 1 Liter Wasser auf 80 °C erhitzen. Eine Schüssel in den Topf stellen, darin die Schokolade mit
100 ml Milch	im Wasserbad zerlaufen lassen.
3 Blatt Gelatine	einweichen, ausdrücken und dazugeben.
100 ml Sahne	schlagen, den Topf vom Herd nehmen und zusammen mit
8 Eigelb	vorsichtig unterheben. Dann
6 Eiweiß	steif schlagen und ebenfalls unterheben. In eine Schale geben und 5 Stunden im Kühlschrank stocken lassen.

Bierteig

3 EL Mehl	
300 ml Bier	
1 TL Zucker	
1 Prise Salz	alles mit dem Schneebesen glatt rühren.
1 Eigelb	mit unterheben, dann
3 Eiweiß	zu Schnee schlagen und vorsichtig unter die Masse heben.

Mit Bierteig kann man Apfelscheiben oder Fischfilets im Fett sehr gut ausbacken.

Stuttgarter Fernsehturm

Brunnen und Skulpturen in Pleidelsheim

In Pleidelsheim hat Kunst und Kultur nicht nur in der Vergangenheit, sondern auch bis zum heutigen Tage eine herausragende Stellung. Allein auf der Tatsache beruhend, dass in Pleidelsheim viele Künstlerinnen und Künstler ansässig sind, wurde stets darauf geachtet, dies auch von öffentlicher Seite zu dokumentieren. Unter anderem hat der Pleidelsheimer Steinmetz und Bildhauer Jörg Failmezger an zahlreichen öffentlichen Plätzen seine Spuren im Auftrag der Gemeinde Pleidelsheim hinterlassen. Meist wurde auch versucht, die Skulpturen und Brunnen in einen geschichtlichen Zusammenhang mit Pleidelsheimer Besonderheiten zu bringen. Die nachfolgende Auswahl gibt einen kleinen Einblick in die Kunstwerke, die als Rundgang jederzeit besichtigt werden können.

Die Hirsebäuch-Skulptur – ihr Standort ist am Rathaus, Marbacher Straße 5. Sie stammt von Jörg Failmezger und wurde im Rahmen der Kirchweih – im Jahr der 1200-Jahrfeier der Gemeinde Pleidelsheim – eingeweiht. Vermutlich wegen der nahrhaften Wirkung des Getreides Hirse wurden die Pleidelsheimer von umliegenden Ortschaftsbewohnern als »Hirsebäuch« geneckt. Um diesen nicht unwesentlichen Abschnitt der Pleidelsheimer Ortsgeschichte in Erinnerung zu rufen, wurde die Thematik als Kunstwerk aufgegriffen. Die Bronzeskulptur versinnbildlicht mit den drei Figuren Freude und Witz im gutgenährten Zustand und eine freudige Kommunikation. Doch auch die Hirse selbst ist als Pflanze dargestellt. Der Froschbrunnen Standort: am Beginn der Friedrichstraße/Ecke Marbacher Straße. Der Brunnen wurde am 11. November 1990 anlässlich der Kirchweih in Pleidelsheim offiziell enthüllt und in Betrieb gesetzt. Auch der Froschbrunnen hat historischen Bezug zur Stadt: In früherer Zeit, als die Friedrichstraße als Feldweg am Riedbach endete und nur im vorderen Bereich einige Häuser standen, hieß diese Straße im Volksmund »Froschgasse«. Der Name rührt aus der Tatsache, dass es am damals noch offenen und nahegelegenen Riedbach sehr viele Frösche gab, die auch deutlich hörbar waren. Dies war auch Anlass, einen Brunnen beim Pleidelsheimer Steinmetz und Bildhauer Jörg Failmezger in Auftrag zu geben. Es entstand eine Kugel mit obenaufsitzenden Fröschen, die auch ein wenig an das Märchen vom Froschkönig erinnern. Als Material wurde Schwarzwälder Granit aus dem Murgtal verwendet.

Der Gänsebrunnen steht am Hindenburgplatz. Er wurde am 22. August 1987 eingeweiht. Der Platz lädt seitdem zum Verweilen und Treffen ein. Bevor im Jahre 1928 in Pleidelsheim eine zentrale Wasserversorgung aufgebaut wurde, musste die Wasserversorgung mittels Brunnen gewährleistet werden. Zu dieser geschichtlichen Entwicklung

Der Rathausbrunnen am Rathausvorplatz, Marbacher Straße 5

kam noch die Tatsache, dass an diesem Platz über einen sehr langen Zeitraum Gänse zusammengetrieben wurden, um sie dann weiter zum Gänsegarten – im Bereich des heutigen Feuerwehrgerätehauses – zu bringen. Die Brunnenanlage selbst wurde vom Pleidelsheimer Steinmetz und Bildhauer Jörg Failmezger geschaffen. Dargestellt ist der Gänsehirte mit Gänsen.
Das Taube-Denkmal steht vor dem Alten Rathaus, Hauptstraße 1. Der Hofbildhauer Ludwig von Hofer hatte längst Weltruhm und große Anerkennung erlangt, als er 1885 es »in treuer Anhänglichkeit an den Geburtsort meines verstorbenen Vaters« der Gemeinde Pleidelsheim schenkte. Er war Hofbildhauer König Wihelm I. Das aus Carrara-Marmor geschaffene Denkmal stellt die beiden Brüder Axel und Erich von Taube dar, die als Freiwillige am Krieg gegen Frankreich 1870 bis 1871 teilnahmen und in der Schlacht von Champigny am 2. Dezember 1870 gefallen sind. Am 5. Juli 1885 wurde unter der Teilnahme von zahlreichen Festgästen und des Erschaffers selbst das »Krieger-Denkmal« enthüllt. Morgens um 5 Uhr begann das feierliche Programm mit der Tagwache und Böllerschüssen. Im Anschluss fand zu Ehren des Stifters im Gasthaus »Ochsen« ein Festessen statt.

Pleidelsheim, Haupt- und Kulturamt

Sonnenblume

Gänsebrunnen

Begriffserläuterungen

Abbacken/Ausbacken Etwas in heißem Fett schwimmend backen.

Ablöschen Das Angießen von scharf angebratenem oder geschmortem Fleisch oder Gemüse.

Abschmecken Eine Speise mit den Grundgewürzen Salz, Pfeffer, Zucker usw. nach eigenem Geschmack würzen.

Andünsten/Anschwitzen Ein Lebensmittel in heißem Fett leicht rösten, ohne es zu braten. Das Lebensmittel soll nur glasig werden, z. B. Zwiebeln.

Ausbraten/Auslassen Den Speck so lange braten, bis das Fett herausgebraten ist.

Blanchieren Zutaten in einem Topf mit kochendem Wasser geben und kurz köcheln lassen.

Garen/Köcheln Eine Speise sollte nicht stark kochen. Die Hitzezufuhr muss so gedrosselt werden, dass nur ein leichtes Aufsteigen von Kochblasen zu sehen ist.

Gratinieren Das Überbacken von Speisen.

Legieren Ist das Binden und Verfeinern von Gerichten mit Eigelb. Das Ei oder Eigelb wird mit warmer Flüssigkeit vermischt und unter ständigem Rühren in die nicht mehr kochende Speise gegeben.

Karkasse Aus dem Französischen: Carcasse für Gerippe. Karkasse nennt man das nach dem Tranchieren meist kleinerer Tiere zurückbleibende Knochengerüst samt eventuell anhaftender Fleischreste.

Marinieren Ist das Einlegen von Lebensmitteln in eine gewürzte Flüssigkeit, um der Speise einen besonderen Geschmack und bessere Haltbarkeit zu verleihen.

Mehlschwitze Traditionelles Bindemittel von Suppen und Saucen (Fett zerlassen und Mehl einrühren).

Parieren Fleisch von Fett und Sehnen befreien.

Passieren Flüssigkeiten durch ein Sieb oder Tuch geben.

Pürieren Ein gares Lebensmittel wird stark zerkleinert. Früher war hierfür in vielen Haushalten die »Flotte Lotte« ein beliebtes Haushaltsgerät, z. B. um Apfelmus herzustellen.

Reduzieren Flüssigkeit fast vollständig verkochen lassen (einkochen).

Stocken lassen Das Garen von Eiern oder Eimasse, bei mäßiger Hitze im Topf oder Wasserbad, ohne dabei das Gargut umzurühren.

Wasserbad Ist eine Methode, um Speisen indirekt mit Hitze zu versorgen. Dabei wird der Topf mit den Speisen in einen anderen Topf mit heißem Wasser auf den Herd gestellt.

Zerlassen Butter oder Margarine in einer Pfanne oder einem Topf bei mäßiger Hitze schmelzen, aber nicht braun werden lassen.

Maße und Gewichte

1 gestr. EL Fett	15 g
1 gestr. EL Mehl	10 g
1 geh. EL Mehl	15 g
1 kleine Zwiebel	30 g
1 mittlere Zwiebel	50 g
1 große Zwiebel	70 g
1 kleine Kartoffel	70 g
1 mittlere Kartoffel	120 g
1 große Kartoffel	180 g
½ kg	500 g
1 kg	1000 g

1 Liter	1000 ml / 1000 ccm
¾ Liter	750 ml / 750 ccm
½ Liter	500 ml / 500 ccm
⅜ Liter	375 ml / 375 ccm
¼ Liter	250 ml / 250 ccm
⅛ Liter	125 ml / 125 ccm
1 TL	5 ml
1 EL	15 ml
1 Schnapsglas	20 ml / 2 cl
1 Tasse	150 ml

Abkürzungen

Msp.	Messerspitze
EL	Esslöffel
geh. EL	gehäufter Esslöffel
gestr. EL	gestrichener Esslöffel
TL	Teelöffel
geh. TL	gehäufter Teelöffel
gestr. TL	gestrichener Teelöffel
g	Gramm
kg	Kilogramm
ml	Milliliter
cl	Zentiliter
l	Liter
ccm	Kubikzentimeter
Pck.	Päckchen
°C	Grad Celsius

Rezeptregister, alphabetisch

A

B

C

E

F

G

H

Rezeptregister, nach Kapiteln

Salate und Aufstriche

Suppen und Eintöpfe mit Beilagen

Gemüsegerichte

Fleischgerichte

Fischgerichte

Schwäbische Spezialitäten

Mehlspeisen

Vesper

Kleine Besonderheiten

Saucen

Backwerk und Desserts